AF464889

1870

ARMÉE DE L'EST

ET

XIVme CORPS ALLEMAND

Alsace, Vosges et Franche-Comté

PAR

Le Capitaine A. PERNOT

Extrait du **Bulletin de la Société Philomatique Vosgienne.**

Année 1905-1906.

SAINT-DIÉ
TYPOGRAPHIE ET LITHOGRAPHIE C. CUNY

1905

1870

—

ARMÉE DE L'EST ET XIVe CORPS ALLEMAND

ALSACE, VOSGES & FRANCHE-COMTÉ

1870

ARMÉE DE L'EST

ET

XIVme CORPS ALLEMAND

Alsace, Vosges et Franche-Comté

PAR

Le Capitaine A. PERNOT

Extrait du **Bulletin de la Société Philomatique Vosgienne.**
Année 1905-1906.

SAINT-DIÉ
TYPOGRAPHIE ET LITHOGRAPHIE C. CUNY
1905

1870

ARMÉE DE L'EST

ET

XIVe CORPS ALLEMAND

ALSACE, VOSGES

ET

FRANCHE-COMTÉ

I

Situation générale après Frœschwiller. — Arrivée des corps francs en Alsace et dans les Vosges. — Coups de main de Bellingen, de Bernardswiller, de Marckolsheim, de Vézelise et de Vaucouleurs. — Occupation de Baccarat. — Opérations de la colonne Keller dans la Haute-Alsace. — Combat de Biesheim. — Mission de la 4e division allemande de réserve. — Organisation de l'armée des Vosges. — Commandement du général Cambriels. — Plan d'opérations.

Après Frœschwiller et Spickeren, la retraite précipitée des troupes du maréchal de Mac-Mahon laissait ouvertes et sans défense l'Alsace, les Vosges et la partie supérieure du bassin du Doubs. Rien ne s'opposait à l'invasion, le 12 Août, quand la division de Lesparre du 5e corps longeait seule la chaîne des Vosges par Abreschwillers, Badonviller, Baccarat et Rambervillers pour rallier le corps principal par Charmes et Mirecourt, pendant que les bagages du maréchal de Mac-Mahon filaient lentement par la vallée de Celles escortés de quelques hommes, zouaves, turcos, gendarmes, chasseurs d'Afrique, dont le pêle-mêle n'indiquait que trop le désarroi de l'armée (1). Les corps du Prince Royal, reliés à la IIe armée, traversaient les Vosges septentrionales et marchaient sur Paris par Nancy, laissant la division badoise devant Strasbourg, dont la résistance permettait la levée des premières troupes chargées de la défense de la région.

Dans les derniers jours de Juillet les gardes nationales s'organisaient dans les villes. Convoquée le 18 Juillet et le 3 Août, la garde nationale mobile arrivait dans les places non investies de Schlestadt, de Belfort et de Neuf-Brisach (2), avec les compagnies de francs-tireurs de Colmar et de Neuf-Brisach ; la première aux ordres du capitaine Ed. Eudeline et du lieutenant Charles Kœnig, organisée le 11 Juillet 1868, la deuxième le 6 Septembre suivant. Ces compagnies se faisaient appeler les « Eclaireurs des Vosges » (3) comme le 2e bataillon de la Meurthe, que l'on appelait « la réserve de l'armée du Rhin (4). »

Les Préfets étaient investis de certains pouvoirs militaires, toute latitude leur était laissée pour l'adoption

(1) Capitaine Gridel de la 2e compagnie du 2e bataillon de la Meurthe. Manuscrit 2e partie, chap. V. 43.

(2) La garnison de Schlestadt, commandée par le commandant de Reinach, comptait deux bataillons de gardes mobiles du Bas-Rhin, et deux escadrons de lanciers ; 1500 hommes en tout. Celle de Neuf-Brisach, aux ordres du lieutenant-colonel de Kerhor, comprenait à la date du 17 Août, deux bataillons de gardes mobiles du Haut-Rhin, le bataillon de dépôt du 74e de ligne, une compagnie de gardes nationaux et les deux compagnies franches de Colmar et de Neuf-Brisach. En plus, le dépôt du 1er chasseurs à cheval et deux batteries d'artillerie, soit 2.500 hommes environ. — Commandant Grenest, *l'armée de l'Est, campagne de 1870-71*, in-8°, 5.

(3) H. Bardy, *Saint-Dié pendant la guerre de 1870-71*, in-12, 21.

(4) Capitaine Gridel, manuscrit I.

des mesures exigées par la situation de leurs départements.

A peine réunis ces corps se signalaient à l'attention de l'ennemi. Le 17 Août, la 3e compagnie du 2e bataillon du Bas-Rhin, aux ordres du capitaine Stouvenot, rejetait du Val de Villé, 250 dragons badois surpris au repos après une pointe vers Schlestadt.

Le 30, informée que l'ennemi réunissait, à Neuenbourg, les pontons nécessaires au passage du Rhin de la 4e division de réserve, la compagnie de Colmar, profitant du brouillard, passait le fleuve à Chalampé sur les pontons de la douane, et détruisait, en plein pays de Bade, la station de Bellingen, brûlait ou coulait la plupart des pontons allemands (1). Quelques jours plus tard, des gardes nationaux repoussaient à coups de fusil les reconnaissances badoises dirigées de Strasbourg sur Soultz et Bollwiller.

Inquiet, le général de Werder dirigeait le 31 par chemin de fer, de Kehl sur Mülheim, deux compagnies du 6e régiment badois, un peloton de dragons et quatre pièces de canon. Trouvant les passages du Rhin les plus voisins gardés par le 2e bataillon du même régiment, envoyé de Rastadt sur l'ordre du ministre de la guerre du duché de Bade, le détachement rentrait à Kehl par chemin de fer dans la nuit du 1er au 2 Septembre. Le bataillon de Rastadt restait à Mülheim à la disposition du colonel de Baüer chargé de garder l'Oberland. Le 7 Septembre le colonel appelait encore à lui, de Fribourg, l'abtheilung de remplacement du 5e régiment ; on lui affectait, en outre, quatre pièces de la 4e batterie légère de remplacement (2).

Ces coups de main et le bruit que 5.000 francs-tireurs de Lyon arrivaient sur le Rhin, dans le but de se réunir aux ouvriers de Mulhouse, sans ressources par le chô-

(1) Aujourd'hui « Tichwald ».
(2) Ouvrage du grand état-major prussien, 2e partie, t. I, 122.

mage, pour tenter de concert une incursion de représailles dans la partie méridionale du grand duché, avaient vivement ému la population badoise ; toutefois les officiers envoyés à Mülheim par le général de Werder ayant informé qu'il n'y avait pas à craindre ces rassemblements, on s'en tint aux dispositions déjà prises. De temps à autre les patrouilles badoises et les canons de Mülheim échangeaient quelques coups de feu avec nos partis, sans qu'il se produise d'engagement sérieux. Le 31 Août, le général de la Roche partait de Benfeld avec deux bataillons, neuf escadrons, deux batteries et un détachement de pionniers pour procéder vers Marckolsheim à des réquisitions de vivres, de fourrages, et couper la ligne télégraphique de Colmar et le pont du chemin de fer à Guémar. Ces opérations accomplies, la colonne revenait à Benfeld, les patrouilles poussées sur Schlestadt avaient eu à essuyer quelques coups de fusil et de canon.

Devant le mouvement plus prononcé de jour en jour qui poussait aux armes les populations, craignant pour la ligne de communications, le quartier général complétait ces dispositions en prescrivant le 9, au général de Werder, de faire parcourir la Haute-Alsace par des colonnes volantes chargées de désarmer et de contenir les populations.

Cinq bataillons d'infanterie, huit escadrons et demi, et trois batteries de la division badoise, un détachement de pionniers avec l'équipage de pont léger, aux ordres du général-major Keller, renforcés du détachement de Mülheim, se réunissaient le 11 à Benfeld, et à Boofzheim pour marcher sur Colmar et au besoin jusqu'à Mulhouse. Trois escadrons de hussards de réserve qui devaient arriver le 12 devant Schlestadt, étaient chargés d'établir la liaison entre la colonne Keller et le corps de siège sous Strasbourg. Au passage la colonne devait rallier le détachement du colonel de Baüer, stationné à Mülheim depuis l'affaire de Bellingen (1).

Le jour où ces détachements quittaient la division, des francs-tireurs venus de Schlestadt bousculaient, à Bernardswiller, les postes badois chargés de couvrir le siège de Strasbourg.

Le 13, l'avant-garde de Keller, attaquée à Marckolsheim, laissait onze hommes et dix-neuf chevaux sur le terrain. Ces pertes lui furent infligées par des troupes sorties de Neuf-Brisach, dont la garnison comptait, le 25 Septembre, 5.000 hommes après l'arrivée d'un bataillon de gardes mobiles du Rhône et de la compagnie de francs-tireurs de Mirecourt, enfuis de la vallée de Senones devant quelques uhlans. Le lendemain, il lui fallait repousser à coups de canon 300 partisans établis au pont de l'Ill, à l'ouest de Horbourg, et les rejeter dans la montagne au-delà de Colmar ; chasser des paysans embusqués dans la forêt de Küenheim, puis enlever de vive force le village de Biesheim défendu par des gardes nationaux. « Ces braves « gens, qui avaient sans doute puisé leurs rares notions « de tactique dans la lecture des romans nationaux, « n'avaient pas hésité à se former en carré au centre de « leur village, au lieu de se retrancher derrière les murs « et les maisons (2). » Rejetés sur Neuf-Brisach, attaqués par un peloton de dragons, les gardes nationaux laissaient quarante hommes sur le terrain.

Renforcé le 15 par de Baüer, le général Keller se portait sur Horbourg et Colmar, détruisait le 16 la voie ferrée de Belfort, le viaduc de l'Ill, réquisitionnait des vivres, saisissait des armes et les caisses publiques sans

(1) 5e régiment d'infanterie badoise, bataillon de fusiliers du 6e régiment badois, deux escadrons du régiment des dragons du corps, trois escadrons et demi du 2e régiment de dragons, trois escadrons du 3e régiment de même arme, 1re et 2e batteries légères et une batterie à cheval. — Ouvrage du grand état-major prussien, 2e partie, t. 1, 123.

(2) J.-B. Dumas, oc. 22.

opposition. Il gagnait ensuite Ensisheim, de Baüer repassait sur la rive droite du Rhin à Chalampé ; une révolte des détenus de la maison centrale d'Ensisheim avait été réprimée par des détachements d'infanterie et de dragons envoyés de Mulhouse. Le 16, le général Keller occupait cette ville où les Français avaient évacué à temps utile sur Belfort, les armes, les caisses publiques et le matériel du chemin de fer (1).

Le mouvement de résistance s'étendait aux départements limitrophes. Le 3 Septembre, le commandant Koch, du 50e de ligne, avec trois bataillons des Vosges, de la Haute-Marne et du 50e, surprenait à Vaucouleurs un détachement prussien de 40 hommes, trois officiers et le directeur de la police de Berlin, M. Hoppe, appelé par le Chancelier au quartier général, qu'il conduisait à Langres. En représailles, Vaucouleurs dut payer une contribution de 9.000 francs (2). Le 15, un détachement du 4e badois se heurtait aux francs-tireurs lorrains et du Doubs (3), vers Mutzig ; le 16, la compagnie de Mirecourt tirait sur l'escorte prussienne qui conduisait à Nancy six conseillers municipaux et le maire de Baccarat. Le 2 Octobre, six gendarmes prussiens étaient enlevés à Vézelise par les francs-tireurs de Wolowski.

Exécutés sans impulsion d'ensemble, ces coups de main n'apportaient aucune interruption sur les communications de l'ennemi. Néanmoins, préoccupé du danger que pouvait courir le tunnel de Lützelbourg, le général de Werder jugeait utile de le faire couvrir vers l'ouest, face à Raon-l'Etape, où des contingents français lui étaient signalés. Après l'échec de nos opérations dans la

(1) Ouvrage du grand état-major prussien, 2e partie, t. I, 125.

(2) Lieutenant-colonel Rousset, *Histoire générale de la guerre franco allemande*, t. V, 28, note G.

(3) Francs-tireurs lorrains aux ordres du lieutenant Klopstein, ceux du Doubs, capitaine Schmidt.

Baltique, une ordonnance du 20 Septembre constituait une 4e division de réserve avec les éléments inutiles sur le littoral, que le général de Schmeling rassemblait aussitôt entre Fribourg et Neuf-Brisach. Forte de 19.000 hommes (1), cette division devait occuper la Haute-Alsace, observer le pays vers Belfort, et mettre fin aux entreprises des corps-francs en investissant les places de Schlestadt et de Neuf-Brisach qui leur servaient de refuge et de point d'appui. En résumé, vers la fin de septembre, des forces relativement considérables étaient employées à la garde des communications sur la rive gauche du Rhin entre Bâle et Strasbourg (2). De son côté, le gouvernement français s'efforçait de lever et d'organiser les moyens de résistance. Par une circulaire du 26 Septembre, M. George, Préfet des Vosges, rappelait aux maires leurs devoirs envers les suspects, les blessés, les morts, le matériel de guerre, etc. Enfin, le Préfet rappelait aux gardes nationaux sédentaires « qu'ils étaient destinés à prêter leur appui aux troupes actives, combattant dans les environs, en tiraillant sous bois, derrière les haies, dans les fossés, sans jamais combattre en ligne ou dans les lieux habités (3) ».

Outre les pouvoirs donnés aux Préfets, des Comités de défense dans lesquels chaque membre s'efforçait de s'affranchir du contrôle de l'autorité militaire pour jouer un rôle personnel et prépondérant, furent institués, des centres de rassemblement désignés pour remédier à la dispersion fâcheuse des unités. La tâche était laborieuse,

(1) Quinze bataillons dont douze de landwehr, 1er et 3e régiments de uhlans de réserve, quatre batteries légères, deux batteries lourdes des IVe et VIe corps, et deux compagnies de pionniers du IVe corps, soit 16.457 hommes et 2.809 chevaux. — Ouvrage du grand état-major prussien, 2e partie, t. I, 296 et supplément LXXXII, 102.

(2) Y compris les détachements accidentels du corps de siège de Strasbourg et ceux du pays de Bade, 16 escadrons, 13 batteries 3/4 et 20 bataillons 1/2, avaient été employés à la sécurité des communications.

(3) Appendice n°.

la situation critique, le désintéressement complet. Ignorant l'étendue de nos désastres, les populations restaient sourdes aux appels des Préfets, « l'aspect des débris de « l'armée de Mac-Mahon traversant en désordre la Mo- « selle à Charmes, » les revers de Borny et de Mars-la-Tour, les laissaient encore pleines d'illusions. Le 19, l'arrivée de deux officiers prussiens à Épinal, réveilla l'esprit assoupi de la région (1).

Langres, Belfort et Besançon furent les premiers centres de réunion des éléments appelés à former le noyau de la première armée de l'Est. Le 2e bataillon de la Meurthe du 3e corps d'armée, mobilisé par le décret impérial du 16 Juillet 1870, dont les cadres étaient nommés depuis les 28 Octobre 1868, Avril et Mai 1869, se réunissait à Lunéville le 3 Août 1870, évitait Marsal pour gagner Langres (2). Trois bataillons des Vosges (le 58e de marche), se formaient à Langres; le 2e bataillon du Doubs, le 55e de marche et deux bataillons de la Haute-Saône, bientôt dirigés sur Epinal, s'organisaient à Besançon (3).

Le temps passé sous ces places fut activement employé. Du 15 au 20 Septembre, la plupart de ces corps arrivaient à Epinal où s'organisaient le 3e bataillon des Vosges et la légion Bourras (4). Tous étaient armés de fusils médiocres

(1) C'étaient les lieutenants Wostrowski et von Kuffer, de la 2e division de cavalerie du général de Colomb. Ils avaient parcouru plus de 100 kil. pour venir imposer à la ville d'Epinal une contribution de 20.000 francs qu'elle ne paya pas, et annoncer l'arrivée pour le lendemain d'une forte colonne de toutes armes qui ne vint pas. Hués et poursuivis par les habitants, ces deux officiers rentrèrent au régiment par une marche de nuit; les acclamations de leurs camarades et les félicitations de leurs chefs les vengeaient des outrages de la population d'Epinal. Lieut. colonel Bruté de Remur, oc. 33 et 34.

(2) Appendice.

(3) Les 1er, 3e et 4e bataillons de la Meurthe étaient à Toul et à Phalsbourg; le 2e qui avait reçu l'ordre d'aller à Marsal, s'était retiré sur Langres à l'annonce que les coureurs prussiens arrivaient à Dieuze le 10 Août. Le 1er bataillon des Vosges était à Metz, il subira la capitulation.

(4) Formée d'abord à 10 compagnies, puis à 18 avec un escadron comptant 15 officiers, la légion appelée le corps franc des Vosges, eut toujours un rôle des plus modestes.

à tabatière ou à piston, le grand équipement, les cartouchières surtout et les havre-sacs faisaient particulièrement défaut. Sauf le 3e bataillon des Vosges pourvu d'effets laissés au dépôt à Epinal, du 64e régiment, et le 2e bataillon de la Meurthe, auquel des armes en parfait état, avec pièces de rechange, et des effets très bons provenant de Saint-Etienne, de Paris et de la fabrication des ateliers militaires de Langres, la plupart des troupes se trouvaient dans un dénûment complet. Faute d'effets de drap, plusieurs compagnies devaient faire la campagne en blouse de molleton de mauvaise qualité et en pantalons de treillis. Cet état aura une influence considérable pendant la retraite d'octobre sur ces soldats improvisés. Quant aux cadres, partout, sauf dans les corps où ils avaient été formés avant la guerre, ils étaient en général aussi incomplets qu'insuffisants.

« Pour 1.200 recrues, le 1er bataillon des Vosges comp-
« tait huit sergents dont quatre n'avaient jamais vu le
« fusil se chargeant par la culasse ; sauf deux capitaines,
« aucun officier ne connait la première partie de l'école
« du soldat (1) ».

Le 19 septembre les 2e et 4e bataillons de Saône-et-Loire, le 58e de marche et le 2e bataillon de la Meurthe, soit environ 5.000 hommes, se trouvaient réunis à Epinal. Secondés par quelques officiers échappés de Sedan, le capitaine du génie Varaigne, envoyé de Paris par le général Trochu et le capitaine d'artillerie Schœlden s'efforçaient de compléter l'organisation de ces bataillons arrêtés pour très peu de temps à Epinal. De son côté, le capitaine d'artillerie Perrin, vigoureux officier aux allures énergiques et brusques (2), échappé de Sedan, procédait,

(1) Lieutenant-colonel BRUTÉ DE REMUR, oc. p. 30, note 2.

(2) Peu soucieux des formes extérieures, pendant toute la campagne de « l'Est, il se montra « revêtu d'un pantalon d'artilleur, chaussé de grandes « bottes, recouvert d'une limousine de roulier jetée sur les épaules et coiffé

avec M. de Fontanges, ingénieur en chef du département, à l'organisation défensive des principaux passages des Vosges, du ballon d'Alsace au Donon. Dès le 20, il pouvait informer le général commandant la 7e division militaire à Besançon que les cols du ballon d'Alsace, des Charbonniers, de Bussang, des Huttes, d'Oderen et de Bramont, étaient aménagés et provisoirement occupés par quelques corps-francs et des gardes nationaux d'Epinal et de Remiremont (1). Les passages situés plus au nord de la chaîne devaient être très prochainement organisés par la main d'œuvre civile, et tenus par les gardes mobiles des bataillons de Saône-et-Loire; la Haute-Alsace par des francs-tireurs, des gardes nationaux et les gardes mobiles du Haut-Rhin aux ordres de M. Keller député au corps législatif; les avancées de Belfort par neuf bataillons et demi, une batterie et le 7e chasseurs à cheval sous les ordres du colonel Thorton; le reste des troupes s'échelonnant sur deux lignes entre Lure et Montbéliard (2).

L'initiative individuelle était encouragée par le gouvernement. Le 9 Septembre, le Ministre de la Guerre ordonnait aux Préfets du Doubs et des Vosges, de mandater à M. Keller, une somme de cent mille francs (3) nécessaire à l'organisation des corps francs. Bientôt ces corps affluèrent dans les Vosges, le 20, six compagnies occupaient les environs de Saint-Dié : francs-tireurs de la Seine, capitaine Dumont; de Neuilly, capitaine Sa-

« d'un chapeau de feutre à larges bords. Il avait pour arme un gourdin « noueux avec lequel il frappait les traînards, ou à défaut son infortuné « cheval gris. Les soldats l'appelaient familièrement le colonel la Trique, ou « même le Père la Trique. Tous l'adoraient ». Retraité comme colonel auxiliaire à Périgueux. — Commandant X. Euvrard, *la première armée de l'Est*. in-8°, 22, note 2, appendice I, 201. — Commandant Grenest, oc. 30.

(1) Ibid.

(2) J.-B. Dumas, Capitaine d'infanterie de l'Etat-Major : la guerre sur les communications allemandes en 1870, in-8° 1891. 37.

(3) Cette somme importante fut portée ultérieurement à un million de francs. Ibid. 18.

geret; du Jura, capitaine Cler; les deux compagnies de Colmar, capitaine Eudeline; les francs-tireurs lorrains ralliés, capitaine Gérard; enfin la compagnie de Lamarche aux ordres de Mlle Lix. La compagnie du Rhône était à Provenchères; enfin à Épinal se trouvaient les francs-tireurs de la Haute-Saône, capitaine de Perpigna; ceux de la Meurthe, capitaine d'Hautel; ceux de Mirecourt, capitaine Bastien, et la légion Bourras (seize compagnies en voie de formation).

Ce n'est pas avec de tels hommes que l'on pouvait empêcher l'invasion des Vosges. Si quelques compagnies remplirent leur devoir, beaucoup d'autres constituaient une réunion d'hommes, ne demandant qu'à échapper au feu et à la discipline des corps réguliers. Onéreux pour l'État, plus propres à la rapine qu'au combat, redoutés des paysans, ils étaient incapables d'un sérieux effort. La légende devait néanmoins leur attribuer une renommée que quelques compagnies s'efforcèrent de justifier. 80.000 francs-tireurs, près de trois corps d'armée furent enrôlés en 1870-71. Sur 450 chefs de corps francs qui prirent part à la campagne, cinq ou six seulement furent tués ou moururent de leurs blessures, soit une mortalité de 1 pour 80, bien inférieure à la mortalité par la maladie en temps de paix (1).

Conformément au plan de défense et d'opérations arrêté à Paris, la mission des premières troupes réunies dans l'Est, consistait en attendant l'arrivée des renforts que le général de la Motte-Rouge devait diriger sur les Vosges, à harceler sans cesse les détachements ennemis, à s'opposer à leurs réquisitions, et surtout à détruire les voies ferrées constituant les véritables lignes de communication.

Le 18 Septembre le général Cambriels était désigné

(1) Lieutenant-Colonel ROUSSET, oc. 275. Commandant X. EUVRARD, oc. 27. Note I. Voir app.

pour prendre le commandement des troupes chargées de ces opérations en Alsace et dans les Vosges. Un arrêté lui donnait autorité sur les hauts fonctionnaires des départements voisins et sur toutes les forces mises récemment à leur disposition, mesure d'autant plus urgente qu'une circulaire chiffrée venait de recommander aux préfets de contrebalancer le pouvoir des généraux dans le but « de faire pénétrer l'esprit civil dans les affaires militaires. » (1)

Encore souffrant de sa blessure, (2) le général arrivait à Belfort le 23, activait l'organisation des troupes, régularisait les services improvisés et mettait la place et les cols des Vosges à l'abri d'un coup de main de la 4e division. Les Vosges, où la situation se modifiait d'une façon fâcheuse, allaient l'occuper exclusivement ; des échecs essuyés dans des opérations inutiles, décimées, sans plan d'ensemble, avaient affaibli le moral des troupes improvisées. Il importait de les soutenir au plus tôt en les accolant à des éléments plus anciens et mieux commandés.

Informé le 2 octobre de l'envoi de la brigade Dupré, le général quittait Belfort le 4 et se rendait à Epinal où la brigade effectuait son débarquement.

A ce moment deux partis s'offraient au commandement. Garder la défensive au nord d'Epinal, ou prendre nettement l'offensive sur la ligne de communications par la destruction d'un des ouvrages d'art élevés sur la ligne de Saverne contre lesquels de récentes tentatives avaient échoué. (3)

(1) Le HAUTCOURT. *Campagne de l'Est 1870-71*, in-8°, 1896, 3. Note 1.

(2) Le général avait été grièvement blessé à la tête dans la journée de Sedan. Il commandait alors, au 12e corps, la 1re brigade de la division Grandchamp.

(3) Dès le 30 août, le général commandant la 7e division militaire, avait soumis au ministre de la guerre, un projet de destruction du tunnel. Le commandant d'Ollone qui connaissait très bien la région et dont les relations lui assuraient le concours des populations, fut chargé de cette opération avec le bataillon de gardes mobiles du Doubs. Prêt à partir le 5 septembre, le ba-

Le général Cambriels s'arrêta au dernier parti. Suivant le plan élaboré par le capitaine Varaigne : surveiller et garder « avec le moins de monde possible les passages « des Vosges, et marcher toutes forces disponibles sur le « tunnel de Lützelbourg, pour opérer sa destruction : » Cambriels ordonnait à la brigade Dupré de rejoindre le lendemain à la Bourgonce, les troupes du commandant Perrin.

L'avant garde du XIVe corps, aux ordres du général Degenfeld, arrivée le même jour sur la Meurthe entre Etival et Raon-l'Etape, allait s'opposer à l'exécution de l'ordre donné.

taillon recevait contre-ordre en raison de l'émotion produite par la capitulation de Sedan. — Commandant X. Euvrard, oc. 23. Note I.

Quelques jours après, M. Macain de Verdier, chef de la Cie des « quarante », partait de Colmar et se dirigeait avec ses partisans par Ribeauvillé, la forêt de Kintzheim, le Val de Villé, le Château de Saint-Louis et le Donon pour faire sauter le tunnel d'Hoffmühl entre Arschwiller et Lützelbourg. Le fait d'avoir publiquement discuté le projet dans un café de Colmar, constituait une grave imprudence et l'on ne peut que trouver grotesques ces sapeurs improvisés, porteurs de trois kilogrammes de dynamite pour faire sauter un tunnel de 250 mètres de long.

La trahison du maître d'école de Garrebourg qui signala aux Allemands l'approche du corps franc était inutile ; faute de moyens et de discrétion, l'opération devait échouer. — Lieutenant colonel Bruté de Rémur, oc. 121. 161. note F.

II

Essai de destruction du tunnel de Lützelbourg. — Détachement du major Elern à Badonviller. — Mission du major Held dans la vallée de la Brusche. — Combats de Lajux et de Mützig. — Première opération de nuit contre le détachement badois d'Azerailles. — Arrivée du commandant Perrin à Raon. — Répartition des troupes. — Combat de Raon. — Deuxième opération de nuit contre Azerailles. — Marche de la brigade badoise Degenfeld. — Les Français évacuent Raon. — La brigade Dupré.

Laissant à Langres la 5e compagnie de dépôt avec les recrues et les malingres, le 2e bataillon des gardes mobiles de la Meurthe (1), aux ordres du commandant Brisac, s'embarquait en chemin de fer à une heure du matin, le 19 Septembre pour Épinal. Pendant le trajet, la compagnie de francs-tireurs de la Haute-Saône du capitaine Perpigna était embarquée dans le même convoi. Arrivé à Epinal vers midi, le bataillon fut consigné à la gare où des vivres étaient apportés, un ordre lui prescrit de se tenir prêt à partir au premier signal, sans bagages, les hommes pourvus des objets les plus indispensables.

Dans l'après-midi, le commandant Brisac se rendait à la Préfecture où le reste de la journée se passait en conférence. Le Préfet M. Georges, donnait comme mission, aux capitaines d'artillerie Perrin et Schœlden, échappés de Sedan, de fortifier les cols qui donnent accès de la Haute-Alsace dans les Vosges; au comman-

(1) Organisation du 2e bataillon de la garde nationale mobile de la Meurthe. Appendice.

dant Brisac, de détruire le tunnel de Lützelbourg. Le commandant remettait au capitaine Hippolyte le commandement du bataillon, qu'il quittait, disait-il, pour quelques jours.

Embarqués le 20 à cinq heures du soir pour Remiremont, les gardes mobiles se dirigeaient le 22 par Gérardmer sur Saint-Dié, et campaient près du Haut-d'Anould. Habitués à bivouaquer sous Langres au camp de Corlée, ils s'installèrent avec rapidité. Le but à atteindre leur est inconnu, on l'apprendra au moment où les circonstances obligeront d'y renoncer.

Le 19, dès le reçu de ses instructions, le commandant Brisac était parti d'Epinal pour étudier sur place avec le capitaine du génie Varaigne, échappé de Sedan, et M. Pignatel, avoué à Sarrebourg, dont le dévouement et la parfaite connaissance des lieux devait assurer un concours précieux, les mesures à prendre pour la destruction du tunnel. En prévision de cette opération, le capitaine du génie M. de Lanoé avait été détaché de Langres avec quatre sapeurs (1), la poudre était à Epinal, les guides fournis par l'administration des forêts étaient à leurs postes; le bataillon de la Meurthe pouvait arriver de Saint-Dié par une marche rapide de trois jours, et se retirer par la montagne après l'opération.

« Elle paraissait facile, ces Messieurs avaient pu par-
« courir, sous un déguisement, la partie des Vosges com-
« prise entre Raon-l'Etape, Badonviller et Lützelbourg;
« s'arrêter au pied du pont viaduc sur lequel circulaient
« des trains de troupes, de chevaux et de canons dirigés
« sur Paris, et prendre les mesures propres à l'exécu-

(1) A Saint-Dié, dans la nuit du 21 au 22 on vit arriver en voiture un capitaine et un lieutenant du génie accompagnés de cinq sapeurs, ils venaient de Bruyères; on pensa qu'ils avaient mission de faire sauter les ponts de la côte de Saales. H. Bardy. *Saint-Dié pendant la guerre,* in-12° 1895. — C'est possible, mais n'était-ce pas plutôt le capitaine Lanoé revenant de Lützelbourg, cherchant une autre mission.

« tion de l'ordre reçu. Malheureusement ce coup de « main dont les résultats eussent été considérables quel- « ques jours plus tôt, devenait d'une extrême difficulté. « Revenant sur leurs pas, ils retrouvèrent les localités « qu'ils avaient vues libres d'abord, occupées par de « forts détachements allemands. Toutes les routes, de- « puis Lützelbourg jusqu'à Badonviller, étaient sillon- « nées par des partis de cavalerie. A Badonviller même « se trouvaient 1.200 hommes qui, la veille au soir, « avaient cerné la ville, empêchant quiconque d'en sor- « tir. Tombés dans ce piège, le commandant Brisac et « ses deux compagnons ne purent s'échapper que grâce « au dévouement d'un habitant M. Marotel. Ainsi échouait « le plan pour lequel le 2e bataillon de la Meurthe était « venu dans les Vosges; mais les événements se pres- « saient et allaient se charger de l'y maintenir. (1) »

Sans attendre d'avis, préoccupé des tentatives qui pourraient se produire contre la voie ferrée, formant la ligne de communication de l'armée allemande par la vallée de la Zorn, le général de Werder y avait envoyé, le 18 Septembre, le major Elern avec le 3e bataillon du 2e régiment de landwehr, des grenadiers de la garde, deux pelotons du 2e régiment de hussards de réserve et deux pièces de la batterie légère de la garde. Passant par Saverne et Sarrebourg, cette colonne arrivait le 20 aux environs de Blâmont d'où elle jetait des partis vers le sud; le 21 elle occupait Badonviller. Afin de maintenir la liaison avec le petit corps d'opérations du major Elern, un détachement mixte tiré de la division badoise (2) avait été réuni à Mutzig le 21.

Le 22, dans la soirée, le commandant Brisac rejoignait

(1) D'après le Journal de marche du 2e Bataillon de garde nationale mobile de la Meurthe, in-8° 1872, 26-27.

(2) 11e et 6e, un escadron du 3e régiment de dragons, une section de la 4e batterie légère.

son bataillon à Saint-Dié, les rues étaient très animées, des bruits de toute espèce circulaient; on parlait notamment de la présence des Prussiens à Baccarat, à Badonviller et à Neuf-Maisons [1]. En effet, une dépêche informait le commandant qu'une colonne ennemie menaçait Raon, ce qui le décidait à marcher dans cette direction le lendemain matin et de prendre position à Rouge-Vêtu, d'où il pouvait couvrir Raon et surveiller les chemins de Baccarat et Badonviller.

A Raon, il était informé de la présence des Badois à Celles, une reconnaissance de cavalerie en avait été chassée le matin par les gardes nationaux. La chaleur étant accablante, les troupes prirent le café et une heure de repos avant de se porter en avant. Trois compagnies de francs-tireurs, Neuilly, Luxeuil et Colmar se joignaient au bataillon. La colonne principale, francs-tireurs de Colmar en tête, suivit la route de Schirmeck, le capitaine Mezière avec les 1res et 3es compagnies du bataillon de la Meurthe et les deux autres compagnies de francs-tireurs, marchait parallèlement sur la rive droite de la Plaine, pour se diriger sur Pierre-Percée et couper à l'ennemi sa ligne de retraite sur Badonviller. Le plan était bien conçu. Les colonnes marchent parallèlement, mais celle qui longe la rive gauche, ne rencontrant aucune résistance, arrivait à Celles au moment où les francs-tireurs de Luxeuil se heurtaient à la scierie de Lajux à une compagnie badoise, avant-garde d'une colonne de 500 hommes environ, commandée par trois officiers montés. Cette colonne était établie sur la croupe de la Forge, au débouché de la route de Pierre-Percée.

« Un de ces officiers montés fut tué d'un coup de che-
« vrotines par un vieux garde-forestier, Gérard, de la
« maison forestière de la Forge Evrard, près de la scierie

(1) 4 compagnies d'infanterie, 3e régiment badois, un escadron du 3e régiment de dragons, une section de la 1e batterie légère.

« Lajux. Ce vieux brave avait pris son fusil pour se bat-« tre à côté de son fils qui servait au bataillon » (1).

Vers 2 heures ½ un vif combat s'engageait sous bois et durait jusqu'à 4 heures. Vers 3 heures, un exprès dépêché par le capitaine Mezière informait à Celles que l'on se battait à la scierie de Lajux. Décidé à rejeter sur Badonviller les Badois en retraite vers Pierre-Percée, le commandant Brisac traversait le ruisseau, mais arrivait trop tard au hameau de Pierre-Percée pour empêcher la jonction de la colonne et de l'arrière-garde. Après quelques coups de feu, celle-ci s'échappait sous bois en emportant ses morts et ses blessés (2). Quand le 2e bataillon de la Meurthe pénétra dans Pierre-Percée, un bûcheron prévint son chef que des pièces ennemies étaient embourbées dans un chemin creux à environ un kilomètre. C'était exact, dans leur retraite précipitée, « les con-« ducteurs s'étaient trompés de route; ils ne sortirent « de ce mauvais pas que vers huit heures du soir. Il était « alors quatre heures, la prise était facile, car il n'y avait « pas un homme d'infanterie avec les canonniers qui « n'étaient armés que de sabres. Le renseignement était « bon, malheureusement le commandant qui se méfiait

(1) Journal de marche du 2e bataillon de la Meurthe, 28-29.

(2) Dans cette journée, les francs-tireurs de Colmar avaient pris pour guide un nommé Strabach, bûcheron à Pierre-Percée. Il était venu s'offrir lui-même à Raon, mais il avait en venant à Raon précédé les Allemands et fait, pour les guider sur les sapins avec sa serpe, des marques que les éclaireurs suivirent. Après avoir disparu pendant le combat, il fut reconnu par un de nos blessés transporté à la scierie de Lajux, au moment ou il pillait les hardes du sagard (scieur). Arrêté le surlendemain, il fut condamné à mort par le commandant Perrin, et exécuté devant Raon, le 1er Octobre 1870. Il avait avoué avoir reçu 50 fr. pour prix de sa trahison. Capitaine GRIDEL. Manuscrit 3.

Nos pertes étaient insignifiantes, quatre hommes tués et trois blessés au 2e Bataillon. L'un deux, Enel, atteint d'un coup de feu à la jambe et transporté à la scierie de Lajux, fut arraché de son lit par les Prussiens, jeté par la fenêtre et fusillé à bout portant. Enel venait d'être pansé par le docteur Gauthier, il reçut sept coups de fusil et deux coups de baïonnette ; il fit le mort, les Prussiens l'abandonnèrent. Véritable colosse il est encore très bien portant. Ibid. et Journal de Marche du 2e Bataillon, 28.

« des récits exagérés des paysans, ne voulut pas y « croire (1). »

Après le combat, les deux colonnes se réunissaient à la scierie de Lajux et rentraient à Raon; une compagnie du 2e bataillon (2e compagnie) et les francs-tireurs de Colmar allaient cantonner à Celles, afin de tranquilliser les habitants qui craignaient d'être attaqués pendant la nuit.

A Raon, le commandant Brisac trouvait les francs-tireurs lorrains et ceux du Doubs qui venaient d'arriver.

La veille, ils avaient quitté Schirmeck pour attaquer le détachement du major Held à Mutzig. Après avoir assailli, par une vigoureuse fusillade, les avant-postes de la 6e compagnie, ils avaient été contraints, débordés sur leur droite et coupés de leur ligne de retraite sur Schirmeck, de se replier sur Oberhaslach, pour passer entre les deux Donons et gagner Celles le lendemain à 7 heures du soir. Le combat avait été livré de 4 heures ½ à 9 heures du matin, les francs-tireurs laissaient une quinzaine d'hommes sur le terrain (2). Le gros du détachement avec le major Held repoussait un autre parti français auprès d'Heiligenberg, et arrivait dans la soirée à Schirmeck; le lendemain, le major rentrait à Mutzig.

Dès son arrivée à Raon, le commandant Brisac télégraphiait immédiatement au Préfet des Vosges et à M. le Général commandant la 7e division militaire à Besançon pour demander des renforts; il faisait en même temps remarquer la nécessité urgente de concentrer les trou-

(1) Capitaine Gridel. Manuscrit 2.

(2) Parmi lesquels un enfant de seize ans pris et fusillé par les Badois. Le nombre exact des morts figure sur un monument élevé à Mutzig par les habitants. Au dire de ceux-ci l'ennemi aurait eu de 80 à cent hommes hors de combat, le major Held aurait été tué au début de l'action par le capitaine Schmidt. L'ouvrage du grand état-major prussien ne parle pas des pertes subies, il y en a eu, c'est évident, quant au major, il n'a pas procédé au combat contre les francs-tireurs du Doubs, mais contre ceux du second parti. Ouvrage du grand Etat-Major, 2e partie, t. I. 127.

pes dans la main d'un colonel ou d'un officier général.

On lui répondait en lui annonçant l'envoi de quelques renforts. Le 24, le 3e bataillon des Vosges était envoyé à Raon, où se trouvaient déjà deux compagnies du 4e bataillon de Saône-et-Loire, le 1er bataillon des Vosges était dirigé sur Saint-Dié. C'était à peu près les seules troupes disponibles à ce moment, il y avait encore un bataillon de Saône-et-Loire à Remiremont; deux compagnies du même régiment complétaient leur organisation à Épinal.

Après le combat de Lajux, le major Elern, renforcé de deux compagnies d'étapes saxonnes, évacuait Badonviller pour se porter à Montigny ; un détachement de 600 hommes allait occuper Azerailles, contre lequel le commandant Brisac risquait une attaque de nuit.

Dans la soirée du 26, le 2e bataillon de la Meurthe, la 4e compagnie du 3e bataillon des Vosges et les francs-tireurs du Doubs, se réunissaient à la maison forestière du Rouge-Vêtu, où l'ordre était donné de se tenir prêt à marcher vers une heure du matin. On connaissait les logements des officiers, l'emplacement des avant-postes ; la plupart des hommes originaires du pays, connaissaient le pays et le terrain. Une compagnie du 3e bataillon des Vosges, de grand'garde à Bertrichamps, devait appuyer le mouvement par la route de Baccarat.

Mise en marche à l'heure prescrite, les francs-tireurs mirent aussitôt le désordre dans la colonne. Scindée en deux parties, la première disparaissait sous bois, la seconde poursuivant vers Azerailles où elle arrivait au point du jour avec le commandant, suivi par quelques hommes dévoués. Ne pouvant attaquer avec un effectif si faible, cent cinquante hommes environ, il ne pouvait demeurer plus longtemps à proximité de l'ennemi. « Après quelques mots pleins d'amertume sur la conduite « des cadres et des troupes, il ordonnait la retraite... »

sur la maison de Rouge-Vêtu et Raon, où l'on retrouvait la moitié de la colonne rentrée pendant la nuit (1). La compagnie de Bertrichamps avait manqué au rendez-vous ; le lendemain, elle devait abandonner son poste et découvrir Raon. Cet abandon décidait le chef du détachement d'Azerailles à attaquer Raon.

Le lundi 27, la grand'garde n'ayant pas été remplacée, « les cavaliers badois purent s'approcher impunément « de l'entrée de la ville à portée de pistolet. » Les renseignements ne manquaient pas ; vers huit heures, deux habitants de Merviller, accourus à travers les bois de Grammont et du Petit-Reclos, avaient informé « que le « détachement ennemi de Montigny, avec deux pièces « de canon, avait passé le matin même à Merviller, pour « rejoindre dans la matinée celui d'Azerailles et attaquer Raon. »

Malgré cet avis, nos troupes ne se mettaient en marche qu'à midi sonnant, « tambours battant vers Baccarat, « comme pour une marche militaire destinée à replacer « la grand'garde de Bertrichamps. Le bataillon de la « Meurthe dépassait à peine le faubourg, que deux ou « trois braconniers de Clairupt, le fusil à la main, an-« noncèrent qu'ils avaient tiré sur des cavaliers que l'on « apercevait déployés à faible distance en travers de « la route (2). » A ce moment, deux pièces ennemies en batterie à Clairupt, au sud de la côte 347, à 1.500 ou

(1) Journal de marche du 2e Bataillon de la Meurthe, 30-31. Lieutenant-Colonel Bruté de Remur, oc. 46. Le 26, pendant cette opération, MM. les capitaines Gridel et Verdelet, des 2e et 7e compagnies, accompagnés de huit hommes choisis dans la 2e compagnie et d'un gendarme de Raon muni de ses pistolets et de ses menottes, étaient en mission à Baccarat pour arrêter un espion et reconnaître la ville visitée toutes les nuits par le détachement d'Azerailles. A dix heures du soir, ils avaient trouvé la grand'garde tenue à Bertrichamps par une compagnie des gardes mobiles des Vosges (blouses blanches). A leur retour, vers deux heures du matin, il n'y avait plus personne ; la compagnie s'était repliée sur Saint-Dié sans ordres et sans qu'on ait jamais su pourquoi. Capitaine Gridel. Manuscrit 1.

(2) Ibid. 5.

1.800 mètres, tirèrent sur les troupes et sur le faubourg, en arrière de la batterie on distinguait un bataillon en mouvement.

Pris de panique, les mobiles se jetèrent en désordre dans les bois au nord de la route, le sang-froid du commandant Brisac arrêta fort à propos ce commencement de panique. Les francs-tireurs de Luxeuil allèrent occuper la rive gauche de la Meurthe, ceux de Colmar et les gardes nationaux de Raon, descendus pour tirailler dans la vallée, en remontaient les pentes et regagnaient la lisière du bois; une moitié du bataillon de la Meurthe était détachée pour les appuyer; l'autre moitié allait occuper la tête du faubourg de Baccarat; là et dans l'intérieur de la ville, sept barricades avaient été élevées par les soldats et les habitants; des tireurs occupent les fenêtres des maisons qui les dominent; les francs-tireurs de Neuillly se retirent à gauche du faubourg, entre la voie ferrée et la rive gauche de la Meurthe. Débouchant du bois, des haies, les Allemands marchent vers la côte de Raon, droit sur les ruines du château de Beauregard (1), d'où ils menacent la droite des défenseurs.

Vers 4 heures, leur feu se ralentissait soudain, des fantassins venaient sous nos balles relever les morts et les blessés; posté dans le clocher de Laneuveville, le lieutenant Antoine de la garde nationale, annonçait la retraite définitive des Allemands. Redoutant un combat de rues, fixé sur la situation de Raon, le major Elern se repliait sur Baccarat; le bataillon de la Meurthe suivait l'ennemi jusqu'à Bertrichamps, une de ses compagnies se retranchait à Clairupt. « Le brillant officier qui « commandait la cavalerie badoise, atteint d'un balle

(1) Selon M. Stegmüller de Saint-Dié (guide p. 195) le château de Beauregard appartenait en 1269 à Ferry III duc de Lorraine qui en fit une véritable forteresse, solidement retranchée. En 1315, Adhémar, évêque de Metz, en fit inutilement le siège. Mais en 1635, vers le milieu de la guerre de Trente-Ans, château et remparts furent détruits par les hordes.

« au front, expirait le soir en passant à Baccarat (1). »

Dans la soirée, le détachement du bataillon des Vosges arrêté à Saint-Dié, était appelé à Raon.

Le tir de l'artillerie, malgré les 52 obus (2) lancés sur la ville à une distance de moins de deux kilomètres, n'avait produit que des dégâts matériels, nous comptions trois hommes tués et quelques blessés. Les pertes des Allemands sur lesquelles l'ouvrage du grand état-major reste muet, devaient être plus sensibles.

Le lendemain, en se retirant sur Blâmont, ils avaient requis à Bertrichamps cinq charrettes garnies de paille pour le transport de leurs morts et de leurs blessés.

Le commandant Perrin, officier d'une rare énergie, aux allures et à la tenue les plus bizarres pour un officier, ex-capitaine d'artillerie, par son savoir et la fermeté de son caractère, était bien le chef demandé par le commandant Brisac. Il venait, avec le capitaine d'artillerie Schœlden, d'organiser défensivement les passages des Vosges conduisant d'Alsace sur la Meurthe et la Moselle; la plupart étaient obstrués d'abatis ; quelques ouvrages de campagne s'élevaient au Bonhomme, à La Poutroye, dans le val de Sainte-Marie-aux-Mines et au col d'Urbeis. Travaux inutiles du moment que l'on n'occupait pas la trouée de Saales, toute la défense se conjuguant du ballon d'Alsace au Donon. Ces travaux que personne n'occupera, avaient coûté très cher aux communes, la quote-part de la ville de Saint-Dié, pour la main-d'œuvre civile au col d'Urbeis, fut de 700 francs (3).

On avait alors la manie des retranchements et des opérations de nuit. En prévision d'un mouvement offensif vers Schirmeck, le commandant Perrin faisait élever

(1) Capitaine GRIDEL. Manuscrit 5.

(2) H. BARDY, oc. 35.

(3) Délibération du Conseil municipal de Saint-Dié, du 11 Octobre 1870.

pour couvrir son flanc gauche, un immense épaulement barrant en aval de Raon toute la vallée de la Meurthe, auquel les soldats et les habitants travaillèrent jour et nuit. Nous n'avons pas cherché à connaître ce qu'il a coûté ; il était inutile, dominé et tourné par les hauteurs et les chemins des rives de la Meurthe.

Aux avant-postes, la 8e compagnie du bataillon de la Meurthe tenait à Celles la route de Schirmeck avec reconnaissances sur Allarmont et Raon-sur-Plaine ; la 7e compagnie et les franc-tireurs de la Seine occupent Moyenmoutier puis le col du Hans à l'extrémité de la vallée ; les francs-tireurs de Mirecourt tiennent Senones ; ceux de Neuilly, le Saulcy, surveillant les débouchés de la vallée du Rabodeau ; une compagnie du bataillon de la Meurthe est à Clairupt, le gros des troupes à Raon.

Ces éléments sur lesquels reposait la confiance du commandant manquaient de solidité, les francs-tireurs de Mirecourt, en reconnaissance au Prayez, s'enfuirent devant quelques cavaliers allemands, d'une traite, jusqu'à Épinal où ils passaient quinze jours à l'aise, puis à Neuf-Brisach (1). Le 2e bataillon de la Meurthe restait à son poste ; le 2 Octobre, les rapports des capitaines Welche et Verdelet, 7e et 8e compagnies, signalaient l'apparition des avant-gardes allemandes sur les crêtes des Vosges; la brigade Degenfeld précédait le XIVe corps devenu disponible, après la capitulation de Strasbourg, le 28 Septembre.

Un détachement mixte tiré de la division badoise, six bataillons, deux escadrons ¼ et deux batteries, se portait sur trois colonnes de Barr et de Mutzig vers Étival et Raon. La colonne du nord par Schirmeck et Celles, celle du centre par Saint-Blaise, le Hans et La Petite-Raon, la troisième par Villé, Saales et la vieille route des

(1) Voir Appendice.

Broques (1). Quelques cavaliers et le 2e bataillon de grenadiers du corps, aux ordres du lieutenant-colonel Hoffmann, assuraient à Schirmeck la liaison de l'avant-garde avec le XIVe encore sous Strasbourg. Les éléments de la brigade Degenfeld devaient se réunir le 5 entre Étival et Raon, se reposer le 6, et marcher réunis le lendemain sur Saint-Dié. Les Allemands avaient traversé les Vosges sans rencontrer d'autres difficultés que les travaux de campagne laissés sans défenseurs. Après les insignifiants combats de Champenay et de La Trouche, dans lesquels personne ne fut blessé, Degenfeld s'emparait le 5 de Raon, occupé par une poignée de francs-tireurs et quelques gardes nationaux. La ville était rapidement enlevée avec l'aide de la 4e batterie légère et la coopération de la colonne d'Etival. Vers midi, les 2e et 4e compagnies du 3e régiment occupaient Raon, les 10e et 11e compagnies du 6e régiment se portaient sur le col de la Chipotte (2), que les gardes nationaux de Rambervillers

(1) Quand la troisième colonne parvint à Senones, « les Badois pénétrèrent dans les bâtiments de la Manufacture Saint-Maurice (ancienne Abbaye) et découvrirent des objets ayant servi à fabriquer des balles. M. Frédéric Seillière, gérant, fut arrêté et sur le point d'être fusillé ; mais le lendemain matin, après interrogatoire et enquête, on le remit en liberté contre le paiement immédiat d'une contribution de 5.000 francs. Le *Rapport Officiel* du général Degenfeld dit qu' « il avait été surpris confectionnant des munitions pour des armes de guerre. »

Voici à titre de curieux document, la pièce que l'auditeur de la division badoise lui donna comme récépissé.

Senones, 5 Octobre 1870.

« Dans une des cours de l'usine de MM. Seillière, on a retrouvé un creu-
« set de restes de balles.

« Le général de Degenfeld a rendu M. Frédéric Seillière responsable de
« ce fait et lui a imposé une contribution de 5.000 francs.

« Cette contribution a été payée et M. Frédéric Seillière mis en liberté.

« *L'Auditeur de la Division* ».

« BETZ » (H. BARDY, op. cit. 43).

(2) Contrairement à la relation allemande, il n'y eut pas de combat à la Chipotte, le col étant inoccupé. Le seul fait d'armes des Badois, fut le massacre du fermier et de son fils qu'ils fusillèrent sans pitié pour les cheveux blancs de l'octogénaire, en présence de la fermière dont la maison fut incen-

occupèrent le lendemain, avec le commandant Petitjean (1).

L'abandon d'Étival et de Raon assurait au XIVe corps les débouchés les plus importants de la région : la retraite sur La Bourgonce compromettait la défense des Rouges Eaux, en laissant ouverte la route la plus directe vers Épinal, par le col de la Chipotte et Rambervillers.

Le 4, jugeant la défense impossible à Raon, le commandant Perrin avait évacué la ville, rudoyé par la population (2), fait inutilement sauter le pont du chemin fer à Thiaville et tenté une seconde opération de nuit sur Azerailles, dans laquelle la colonne qu'il dirigeait par la rive gauche de la Meurthe s'égarait dans les bois. Celle de la rive opposée comprenant trois compagnies du 2e bataillon de la Meurthe, et une compagnie de francs-tireurs de Lyon, arrivés la veille, « faubouriens de la « Croix-Rousse, faisant beaucoup d'embarras, et fort « mal armés de petits mousquetons à percussion de l'ar- « tillerie à pied. Cette colonne qui suivait la voie ferrée « de Lunéville à Saint-Dié, s'arrêtait avant le jour au « pont des Aulnes, à hauteur de la ferme de la Maze- « lière, près du chemin de Gélacourt, où elle attendit « vainement les signaux que la colonne égarée du com- « mandant Perrin ne lui fit pas. Le but était manqué, la « retraite s'imposait, quand le bruit des chevaux d'une « patrouille badoise retentit sur la route d'Azerailles à « Baccarat.

diée. Pareilles atrocités se renouvelleront à Nompatelize, à la Bourgonce et à Rambervillers, elles ont commencé dès le premier engagement à la scierie de Lajux : elles seront fréquentes pendant toute la campagne.

(1) Engagé le 9 Mars 1832, chef de bataillon le 15 novembre 1856. Retraité à Rambervillers.

(2) Les habitants exaspérés de voir la ville abandonnee à l'ennemi après tant d'efforts faits pour la défendre, l'ont entouré, se sont jetés à la tête de son cheval et ont voulu couper les rênes. L'appui de quelques francs-tireurs, permettait au Commandant de s'échapper vers la Bourgonce. *Journal de marche du 2e Bataillon de la Meurthe*. 35.

« Les gardes-mobiles du 2e bataillon abrités derrière « le remblai se tinrent prêts à tirer, les francs-tireurs de « Lyon, déployés à leur droite, sur deux rangs couchés, « ouvrirent le feu. 300 coups de fusil sur trois cavaliers « arrêtés à 40 mètres des tirans, étaient plus que suffi- « sants. La patrouille s'enfuit (il y avait de quoi), lais- « sant un pistolet sur le terrain. Le deuxième rang des « francs-tireurs, ayant tiré dans le dos du premier, l'un « de ces malheureux avait les deux mains fracassées, « l'autre une blessure terrible à laquelle il survécut (1). »

Après cette équipée, le colonel Perrin voulait absolument défendre les ponts d'Etival. Il eut à ce sujet une discussion très vive avec le commandant Brisac, le manque d'artillerie lui fit abandonner son projet. Il eût mieux valu les obstruer et les défendre sur les hauteurs immédiates de la rive gauche que de les abandonner sans combat à l'ennemi (2).

Inquiet de ne pas voir arriver les renforts demandés, le colonel allait les chercher à Epinal, en laissant au commandant Brisac l'ordre suivant :

« La Bourgonce, 4 Octobre 1870.

« Monsieur le commandant Brisac restera à La Bour- « gonce avec son bataillon et celui de M. le commandant

(1) « A la paix, quand on évacua les ambulances de Raon, je le vis passer « à Baccarat. à peu près guéri mais défiguré. Au moment du feu contre la « patrouille, il était couché ; la balle de l'homme du second rang entra dans « les côtes qu'elle longea, ressortit par l'épaule, entra dans le menton et « ressortit près de l'œil, ce qui ne l'empêchait pas de jurer comme un païen. « Il avait à peine dix-huit ans. Je cite ce fait, dit M. Gridel, pour montrer « avec quelles troupes on faisait la guerre..... Que valait le tir avec de pa- « reils soldats, les peupliers qui bordent la route avaient été élagués par le « cantonnier au moins à 25 pieds de haut ; après la décharge, la route était « jonchée de branches. Quel résultat sur un but de trois cavaliers, immobi- « les, bien groupés en plein découvert et à moins de 40 mètres. » Manuscrit, cit. 8.

(2) A Raon, le départ du commandant Perrin n'eut pas lieu sans difficultés.

« Simonin. Le 3e bataillon des Vosges, commandant Bra-
« chet, ira occuper le Haut-Jacques.

« Le Commandant des Vosges,

« Signé : PERRIN. »

Conformément à l'ordre du 5, dicté par le commandant Brisac, les avant-postes s'établissaient autour de La Bourgonce.

Les francs-tireurs de Colmar, à l'ouest de Saint-Michel, avec un petit poste dans le cimetière et un à la maison d'école de la Vacherie. La 2e compagnie du bataillon de la Meurthe à Nompatelize ; la 4e du même bataillon à la ferme, au centre, entre Nompatelize et la Salle ; les gardes nationaux de la Salle aux abords de leur village ; la compagnie des francs-tireurs de Neuilly à la lisière des bois qui bordent le chemin de la Salle à Saint-Remy ; une section occupant la coupure faite au Haut-du-Bois à la bifurcation des deux routes de Rambervillers. Une demi-compagnie du bataillon des Vosges entre Nompatelize et La Bourgonce, l'autre demi-compagnie entre ce village et La Salle. Tout le reste, six compagnies du bataillon de la Meurthe, trois compagnies du 2e bataillon des Vosges en cantonnement à la Bourgonce ; une compagnie des Vosges fournissait des postes aux abords du village sur chaque route.

Des émissaires étaient envoyés aux renseignements vers Saint-Dié, Etival et Raon ; des mesures étaient prises pour l'alimentation (1). Ces émissaires revenaient le lendemain, annonçant la présence de l'ennemi sur ces deux points, la communication télégraphique était interrompue entre Saales et Saint-Dié, les gardes nationaux de cette ville étaient désarmés, leurs fusils dirigés sur Bruyères. Un capitaine de la garde nationale qui revient de Raon

(1) Ibid. 36.

où il a été retenu prisonnier pendant deux heures, a compté un grand nombre de faisceaux de fusil et vu des caissons d'artillerie dans la cour de la papeterie. Il assure de plus que des officiers prussiens ont reconnu des positions pour l'artillerie au-dessus d'Etival (1).

Vers cinq heures, une patrouille de trois dragons poussait sur la Voivre et Saint-Michel, cherchant à déterminer un des points d'appui. Reçue à coups de fusil par les francs-tireurs de Colmar, elle se repliait vers le pont. Le 5 au soir, Français et Allemands se trouvaient en présence ; un choc était inévitable.

Reconnaissant l'inutilité du 3e bataillon des Vosges au col du Haut-Jacques, le commandant Brisac rappelait à La Bourgonce la moitié de ce bataillon avec le commandant Brachet, l'autre moitié restant au col.

A ce moment, il ignore où se trouvent le commandant Perrin et les renforts, mais dans l'espoir qu'il y a déjà du monde à Bruyères, il envoie un exprès au commandant des troupes françaises de cette localité porter avis des renseignements obtenus et des dispositions adoptées. Le courrier, ayant rencontré sur sa route toute une brigade, un général en tête, revenait dans la nuit avec la réponse suivante :

« Reçu une dépêche de Monsieur le commandant
« Brisac, dont les dispositions sont approuvées. » (2).

5 octobre 1870. *Signé :* Le général Dupré.

Pendant ce temps les quatre compagnies du commandant Brachet parvenaient à La Bourgonce. Deux allaient s'établir entre ce village et Nompatelize, les deux autres, entre Nompatelize et la Salle.

Ce dispositif de surveillance développé sur un front de

(1) Ibid. 36.
(2) Journal de marche du 2e Bataillon de la Meurthe, (la Bourgonce) 36-37.

quatre kilomètres était exagéré. Il formera pour le lendemain le cadre des éléments de combat, le front du champ de bataille sera égal à celui d'observation.

L'occupation du versant est du Petit Jumeau, de Nompatelize et du Han, avec quelques postes spéciaux poussés au passage à niveau du chemin de fer, au-dessus de Biarville où l'artillerie s'établira le lendemain, à la Molière, seconde position qui provoquera la perte de Nompatelize, enfin en obstruant les ponts tenus par quelques gens, il eût été possible de combattre, le 6, avec plus de cohésion et de donner une impulsion d'ensemble à ces éléments désunis. Le 6, chacun combattra sans direction, dans les deux partis.

A cette date, le col de Lubine était encore occupé par le bataillon de gardes mobiles de Saône-et-Loire et par des francs-tireurs qui abandonneront les ouvrages sans combat; quant au 4e bataillon de Saône-et-Loire, sa position n'était pas meilleure au col de Sainte-Marie, où il pouvait être débordé par les routes de Saales et du Bonhomme. Ces deux bataillons devaient être rappelés pour le 5 à la Bourgonce ou à Biarville.

D'où venait la brigade Dupré?

Détachée de la division Peytavin (1) du 15e corps d'armée, embarquée en chemin de fer à Vierzon le 2 octobre, elle atteignait Bruyères le 4 pour cantonner à Bruyères, Corcieux, Anould et Gérardmer. De nouveaux ordres dictés dans la soirée, la dirigeait sur la Bourgonce où ses derniers éléments parvenaient seulement le 6 vers 5 heures du matin. Le 1er bataillon du 32e de marche entrait au cantonnement à une heure du matin; les 2e et 3e, deux heures avant le combat; le 34e régiment de gardes mobiles des Deux-Sèvres bivouaquait au point du jour en arrière du 32e de marche, une batterie de six pièces de quatre campée derrière l'église.

(1) Ex-Colonel de gendarmerie comme le général Dupré.

Ces troupes sont fatiguées par le transport en chemin de fer et une pénible marche de nuit. Elles sont bien vêtues. Formées par les dépôts de plusieurs corps, bien équipées et toutes armées du fusil Chassepot. Le 32e porte des képis à numéros différents.

Malheureusement l'artillerie est insuffisante en nombre et en calibre, la cavalerie, les ambulances, font entièrement défaut.

C'est dans ces conditions que la brigade doit entamer le combat et soutenir, pendant sept heures, une lutte opiniâtre à laquelle la victoire ne répondit pas.

La bataille va s'étendre sur un front de près de cinq kilomètres, du Petit Jumeau à la lisière des bois de Saint-Benoit, par la Combe de Nompatelize, que la Meurthe limite à l'est, le massif de Répy au nord, la Madeleine au sud. Presque au pied des pentes raides et boisées des forêts de Mortagne et de Rambervillers coule à peu près parallèlement à la Meurthe le ruisseau de la Valdange. « Entre ces deux cours d'eau, l'espace renfermé constitue un vaste plateau ondulé, élevé d'environ 60 mètres « au-dessus du niveau de la Meurthe et qu'on gravit « d'Etival et de Saint-Michel par des pentes douces ; les « plis sont généralement perpendiculaires à la rivière, et « les crêtes qui les séparent offrent d'excellentes posi- « tions à l'artillerie. Le village de La Bourgonce est au « fond de cet amphithéâtre, » (1) les lisières et les pentes boisées du massif des Rouges-Eaux constituent une ligne de résistance très forte que la brigade n'utilisera pas. La journée se décidera dans le triangle, la Bourgonce, le Petit-Jumeau, Saint-Remy.

La brigade Dupré comptait à la date du 6 :

32e régiment de marche (lieutenant-colonel Hocédé), trois bataillons tirés des dépôts des 32e, 37e et 57e de ligne. Formé à

(1) Journal de marche du 2e Bataillon de la Meurthe, 38.

Limoges et dirigé sur Vierzon le 27 Septembre. 1er bataillon, commandant Vitte, 2e bataillon, commandant Graziani, 3e bataillon, commandant Maître-Lacan .... 3.600 h.

34e régiment de marche (gardes-mobiles des Deux-Sèvres), lieutenant-colonel Rouget de Gourcez, trois bataillons :

1er bataillon, commandant Poupard, 2e bataillon, commandant Pincenoir-du-Bousquet, 3e bataillon, commandant comte Godefroy de Ménilglaise........ 3.500 h.

Artillerie, 18e batterie du 14e régiment, capitaine Delahaye.. 150

Total.............. 7.250 h.

Il convient d'ajouter à cet effectif :

2e bataillon de la Meurthe, commandant Brisac... 570

Un bataillon et demi des Vosges, lieutenant-colonel Dyonnet.. 1.300

Francs-tireurs de Neuilly, Colmar, Lamarche, et gardes nationaux des villages voisins (1)............ 330

Total.............. 9.450 h.

(1) ibid. Le journal de marche du 2e Bataillon mentionne dans l'effectif la campagnie de francs-tireurs du Rhône : elle existe effectivement, mais cette compagnie n'a pas paru au combat. Après l'affaire de nuit d'Azerailles, elle a filé sur Bruyères où elle se tint prudemment pendant le combat. « Ses exigences et ses procédés de conquérant ont laissé de mauvais souvenirs dans la localité. » Lieutenant-Colonel BRUTÉ DE REMUR, oc.71.

III

Le Combat de Nompatelize. — Saint-Remy. — Retraite de la brigade Dupré par Mont-Repos, Les Rouges-Eaux, Bruyères. — Composition de l'arrière-garde. — Réorganisation de la brigade à Champdrag. — Situation pénible des troupes sur le plateau. — Retraite par les Faucilles, sur la Haute-Saône et Besançon.

Le 6 au matin, malgré la fatigue des troupes et les renseignements reçus, le général Dupré décidait de l'attaque d'Étival et de Raon, pour prendre ensuite, conformément au plan élaboré le 4, la direction du tunnel de Lützelbourg. En cas de succès, la brigade devait atteindre dans la journée les environs du Donon.

Formées sur deux colonnes, les troupes se portèrent sur Etival. A gauche, le 34e de marche, les francs-tireurs de Lamarche, ceux de Neuilly et la section d'artillerie du lieutenant de Laudébat, marchent par le Han sur Saint-Remy avec le lieutenant-colonel Rouget de Gourcez, assisté du commandant Perrin. A droite, avec le lieutenant-colonel Dyonnet, les francs-tireurs de Colmar, le bataillon de la Meurthe, le régiment des Vosges et le reste de la batterie, sont rassemblés au sud-ouest de Nompatelize, attendant pour se porter en avant, que la colonne de gauche ait atteint le Han.

En réserve, le 32e de marche du lieutenant-colonel Hocédé : deux bataillons doivent suivre la colonne de droite, le 3e (Maffre-Lacan) est en réserve, derrière le 34e régiment.

Vers cinq heures du matin; les avant-postes ont repris le contact en avant de Nompatelize avec les reconnaissances badoises venues d'Etival; un brouillard épais voile le terrain, l'ennemi se met en marche sans être vu, mais on distingue le bruit de son artillerie roulant sur les routes qui bordent la Meurthe.

Vers 7 heures ½, le brouillard tomba rapidement; l'ennemi se déployait, la fusillade commençait sous un soleil magnifique (1).

A ce moment, les 2e et 7e compagnies du bataillon de la Meurthe (Gridel et Verdelet) sont renforcées par les cinq autres compagnies jetées dans Nompatelize par le lieutenant-colonel Dyonnet; une compagnie du bataillon des Vosges se porte entre Nompatelize et La Salle, trois autres compagnies de ce bataillon et deux du 2e arrivées pendant la nuit prennent position sur les pentes nord du Petit-Jumeau. A huit heures, les francs-tireurs de Colmar, rappelés de Saint-Michel, occupent la lisière est du Petit-Jumeau, face au hameau des Feignes. A l'aile gauche, un bataillon du 34e régiment, et la section du lieutenant Lafont de Laudébat, tiennent la ferme du Han et le petit bois plus au nord; les deux autres bataillons en réserve en arrière du Han.

A l'extrême-gauche, les gardes nationaux de Rambervillers partis à 3 heures du matin occupent, conformément aux ordres du général Dupré, avec ceux des villages de Brû, Saint-Benoît et Jeanménil, l'embranchement des routes d'Etival et de Raon, le col de la Chipotte. Ils sont cinq cents environ aux ordres du commandant Petitjean, qui leur fait achever les tranchées et les abatis ébauchés la veille par les forestiers. Leurs avant-postes prolongent la ligne des francs-tireurs de Neuilly déployés à la lisière des bois de Saint-Benoît. Les reconnaissances des gardes nationaux garnissent les hauteurs au-dessus de Saint-Remy occupé par les francs-tireurs de Lamarche, le col

(1) Capitaine Gridel. Manuscrit 9.

Pussin, la Croix Galère et la ferme des Prés-Pancras, au sud de la Chipotte (1).

A l'aile droite, les quatre pièces légères sont en batterie à la lisière nord du Petit-Jumeau, et la réserve générale, le 1er bataillon du 32e de marche à la ferme de la Folie, le 3e bataillon au débouché nord de la Bourgonce, le 2e en arrière des deux bataillons du 34e, à l'ouest du Han.

Le général Dupré, le lieutenant-colonel Hocédé, le capitaine Varaigne, son chef-d'état-major, et le capitaine Schœiden, détaché près du général par le commandant Perrin, se tiennent près de ce bataillon.

Vers six heures, la brigade Degenfeld se portait sur Saint-Dié. Disposée sur deux colonnes, celle d'Étival, constituée par le 2e bataillon du 3e régiment, le bataillon de fusiliers du 6e régiment, un ½ escadron du 1er dragons et deux pièces de la 4e batterie légère (lieutenant Nüsselin) sous le commandement du major Kieffer, par la rive gauche. Sur la rive droite, le 1er bataillon et les fusiliers du 3e régiment, trois pelotons du 1er dragons (Œhlwang), la 2e batterie lourde (Gœbel) et les quatre pièces de la 4e batterie légère, sous le colonel Müller du 3e régiment. Le 1er bataillon des grenadiers du corps et un escadron du 1er dragons sont laissés à Raon, le bataillon de fusiliers du même régiment à Etival pour assurer les débouchés de la montagne et rassembler des vivres. Ces troupes laissées sur les derrières, sont couvertes par des avant-postes établis à Bertrichamps et à Thiaville

(1) Conformément aux ordres du général Dupré arrivés dans la nuit à Rambervillers et renouvelés dans la journée du 6 au commandant Petitjean, les gardes nationaux restèrent au col de la Chipotte pendant toute la durée du combat. Après la bataille, ceux de Rambervillers se repliaient par les Basses-Pierres et le Haut-du-Chêne, pour rentrer à neuf heures du soir dans leurs foyers. A. Retournard. *Le Combat de Rambervillers*, 2. Ceux de la Salle combattirent jusqu'à 4 heures autour de leur village. — En laissant le col de la Chipotte occupé, le général Dupré pensait couvrir son flanc gauche, que Degenfeld ne songeait pas à attaquer, sa direction de marche étant Saint-Dié, le 6.

d'une part, aux Châtelles et sur la route de Baccarat d'autre part, pour couvrir leurs opérations (1).

Avertis de la présence des troupes françaises à Nompatelize par les rapports des patrouilles envoyées d'Etival le matin, les Badois se décident au combat, la marche sur Saint-Dié va être suspendue. Vers neuf heures, sur l'ordre du major Kieffer, le bataillon de fusiliers du 6e régiment se porte directement sur le village, le 2e bataillon du 3e marche sur Biarville; les deux pièces légères prennent position sur la hauteur de la Molière, à l'ouest du chemin d'Etival à Nompatelize, à l'angle de la route qui conduit à Saint-Remy par la côte 365, d'où elles canonnent Nompatelize qui ne tarde pas à flamber sous les obus. L'un d'eux éclatant au milieu de la 7e compagnie du 2e bataillon de la Meurthe, blesse ou tue dix soldats (2).

Disposés sur deux colonnes, les fusiliers du 6e régiment attaquent à la fois Nompatelize et le Han, le demi-bataillon de droite engage le combat avec le deuxième bataillon des Deux-Sèvres, celui de gauche poussant droit en avant, s'empare du saillant nord de Nompatelize qu'il ne peut dépasser. Renforcé par deux compagnies du 32e de marche, le bataillon de la Meurthe résiste avec acharnement. A 9 h. ½, le 2e bataillon du 3e régiment débouchait de Biarville. Formé sur deux colonnes comme les fusiliers du 6e régiment, deux compagnies marchent sur les Feignes par les Void-de-Paru, les deux autres, sur Nompatelize, par le vallon de Bréhimont qui longe à gauche la route de Saint-Dié à Rambervillers.

Nos troupes évacuent les maisons qui forment l'avancée nord-est de Nompatelize, sur le petit chemin des Void-de-Paru; mais elles tiennent solidement dans celles

(1) Rapport du général Degenfeld sur ses opérations depuis le 1er Octobre jusqu'au 8 inclus. Cité par H. Bardy, oc. 47. Note I.

(2) Journal de marche du 2e Bataillon de la Meurthe, 13.

qui bordent le chemin des Feignes. Le feu des Badois ne peut les en déloger. Malgré le tir de deux nouvelles pièces légères venues de la rive droite, établies sur le mamelon sud de Biarville, les deux compagnies dirigées sur Nompatelize, prises d'écharpe par les troupes postées dans les maisons du chemin des Void-de-Paru et de la lisière nord du Petit-Jumeau, s'arrêtent dans le vallon de Bréhimont, terrées, massées, à cent pas du chemin des Void-de-Paru. « A bout de munitions, elles « devaient rester là, trois quarts d'heure, à la merci d'une contre-attaque qui ne se produit pas (1). »

Hésitantes, les compagnies envoyées vers les Feignes s'abritaient à leur tour dans le vallon au-dessus et à gauche du moulin de Bréhimont, attendant que des renforts viennent les porter en avant. Ecrasées par les quatre pièces françaises du Petit-Jumeau, les deux pièces badoises se repliaient à l'est de Biarville, dans le vallon de Bourmont, au sud de la côte 358 (nord-est de Biarville). Vers le Han et Saint-Remy, les fusiliers du 6e régiment n'ont pas gagné un pouce de terrain. A dix heures, soutenus par les deux pièces du lieutenant Lafont de Laudébat, dont un caisson restait embourbé dans les prés, par le tir des deux bataillons de réserve du 34e, le 1er bataillon et les francs-tireurs de Neuilly conduits par le commandant Perrin, entament un mouvement tournant autour de la Molière, où les deux pièces du lieutenant Nüsselin sont à peu près hors de combat.

Telle était la situation vers 11 h. ½, sur tout le front nos troupes tiennent en échec les Allemands qui se maintiennent sur leurs positions, grâce à l'artillerie et à l'hésitation du général Dupré, qui laisse passer le moment opportun pour un retour offensif. De part et d'autre les troupes combattent sans liaison, la direction manque dans les deux partis; enfin, la défense, et cet oubli cau-

(1) Lieutenant-Colonel Bruté de Rémur, *oc.* 63.

sera sa perte, a laissé intacts les quatre ponts de la Meurthe de La Voivre à Etival (1).

Fixé sur les forces de l'adversaire, le général Degenfeld qui avait cru d'abord à une simple escarmouche de francs-tireurs, appelait en toute hâte sur le champ de bataille la majeure partie des troupes de la rive droite et les détachements laissés à Etival et à Raon. Quatre pièces de la 4e batterie lourde, venues par les ponts d'Etival, remplaçaient à la Molière la section du lieutenant Nüsselin; la dernière section de cette batterie et les deux pièces abritées dans le vallon de Bourmont, prenaient position sur la croupe au sud de Biarville, près de la route de Saint-Dié à Rambervillers, d'où elles canonnaient vigoureusement le bois des Jumeaux et le village en flammes de Nompatelize, réoccupé par nous vers midi et perdu presque aussitôt.

A ce moment, les dix pièces badoises engagées allaient se grouper au nord-ouest de Nompatelize, à la côte 369. Presque à la même heure, laissant provisoirement les 9e, 10e et 11e compagnies du 3e régiment sur la rive droite de la Meurthe, le 1er bataillon du 3e régiment traversait la rivière partie à gué, partie sur le pont de La Voivre, se portait sur les Feignes, entraînant au passage les deux compagnies terrées dans le vallon de Bréhimont. Aux ordres du colonel Müller, du 3e régiment, ce détachement atteignait les Feignes, sans pouvoir en déboucher sous le feu violent des compagnies du 32e de marche et des francs-tireurs de Colmar déployés à la lisière est du Petit-Jumeau (2).

Toutes les attaques dirigées sur ce point furent re-

(1) Ponts de la Voivre, de la Fosse et les deux ponts d'Etival.

(2) Contrairement à la relation allemande, 2e part. t. I 105. Il n'y eut pas d'engagement aux Feignes proprement dites, situées dans un fond que nos troupes n'occupaient pas. Ce fut dans l'avant dernière attaque, vers midi et demie, que le colonel Müller fut blessé. Transporté chez M. Jeanpierre à Raon, le colonel y demeura jusqu'à sa complète guérison. H. Bardy, oc. 49. Note I.

poussées, le colonel Müller fut grièvement blessé, dans l'avant-dernière, un peu avant midi et demie.

A Nompatelize, la position du 2e bataillon de la Meurthe et des compagnies du 32e de marche devenait intenable. Attaqué à huit heures par le 2e bataillon du 3e régiment, canonné par la section d'artillerie de la Molière, le 2e bataillon de la Meurthe avait particulièrement souffert. Mal soutenus par une artillerie inférieure en nombre et en portée, les défenseurs abandonnaient vers midi et demi le village incendié et se repliaient en désordre sur la Bourgonce; une centaine d'hommes au plus se maintenaient dans le groupe de maisons situé à la croisée de chemins de la Bourgonce et de la Vacherie. Ces maisons et celle connue sous le nom de la « Maison Criblée (1), » ne seront enlevées que vers quatre heures, le 2e bataillon de la Meurthe y laissera bon nombre de prisonniers (2). Ces hommes résolus sont aux ordres du lieutenant Vaincker et de l'adjudant de bataillon Clément.

A l'aile gauche le bataillon de fusiliers des grenadiers du corps (major Betz), appelé d'Étival, rejetait de Saint-Remy les francs-tireurs de Lamarche et de Neuilly. Le village était repris par les Français, quand une seconde attaque par les bois de Saint-Remy rendait les Badois maîtres de la ferme du Han. Encombrée de blessés, elle était incendiée par l'ennemi (3).

Dans cette journée, les Badois devaient renouveler les

(1) Elle porte encore autour de la lucarne de façade la trace des balles du combat du 6 Octobre. A droite, on remarque une croix de pierre, élevée par Norbert Blaise et Barbe Chassel en l'année 1759, avec cette inscription : *Priez Dieu pour eux.* La croix a été enlevée du socle par les balles prussiennes et replacée par M. Idoux, maréchal-ferrant. Le mot *priez* est à demi enlevé par une balle.

(2) Le sous-lieutenant Vaincker, appartenait à la 6e compagnie, l'adjudant Clément, à l'état-major du bataillon : tous deux furent faits prisonniers. Aujourd'hui décédés. (Annotation du capitaine Gridel sur l'historique du 2e bataillon, 169, 173.)

(3) Lieutenant-colonel Bruté de Rémur, oc. 66.

exploits de la scierie de Lajus et de la ferme de la Chipotte. Pendant le combat, ils fusillaient le fermier Idoux de la ferme de Bouilly, en présence de sa femme et de ses enfants, après lui avoir dérobé une somme de 300 francs; un des siens, E. Idoux, soupçonné d'avoir fait le coup de feu, était passé par les armes (1). Le 8, ils incendieront la Bourgonce, sous le prétexte que quelques francs-tireurs y sont entrés. Le 11, 26 habitants de Rambervillers seront fusillés pour avoir cherché à défendre leurs foyers; les mêmes atrocités se reproduiront à Laval et jusque sous Besançon. Il est douteux que les historiques des 3e, 6e et 30e régiments mentionnent de pareils faits.

A ce moment les Badois comptaient quinze compagnies en lignes déployées du hameau de Sauceray aux bois de Saint-Benoît (2). Le 1er bataillon des grenadiers du corps et l'escadron du 1er dragons laissés à Raon-l'Étape, arrivent près d'Étival; le bataillon de fusiliers du 3e régiment maintenu au pont de la Voivre avec la dernière section de la 4e batterie légère, pousse une de ses compagnies sur le hameau de Marzelay; un groupe du 1er dra-

(1) L'abbé VAIREL, *Essai sur Nompatelize*, in-8°, 112.

(2) $\frac{\text{12e}}{\text{3e}}$ à l'ouest de Sauceray, $\frac{\text{1er, 7e et 5e}}{\text{3e}}$ aux Feignes, $\frac{\text{8e et 6e}}{\text{3e}}$, $\frac{\text{12e et 11e}}{\text{6e}}$ à Nompatelize, } en face du bois des Jumelles 8

$\frac{\text{10e et 9e}}{\text{6e}}$ au nord-ouest de Nompatelize........................ 2

$\frac{\text{12e et 11e}}{\text{Régt de corps}}$ avec des fractions des $\frac{\text{9e}}{\text{6e}}$ et $\frac{\text{6e}}{\text{3e}}$ sur les hauteurs du Han 4

$\frac{\text{10e}}{\text{Régt de corps}}$ combattant en tirailleurs à l'ouest des bois de St-Benoît 1

15

Les $\frac{\text{9e, 10e et 11e}}{\text{3e}}$ étaient au pont de La Voivre, la $\frac{\text{9e}}{\text{Régt de corps}}$ était encore à l'escorte des bagages. Ces trois compagnies comptaient environ 450 hommes, elles arriveront ultérieurement sur le champ de bataille. Ouvrage du grand état-major prussien, 2e part., t. 1, 306, note 1.

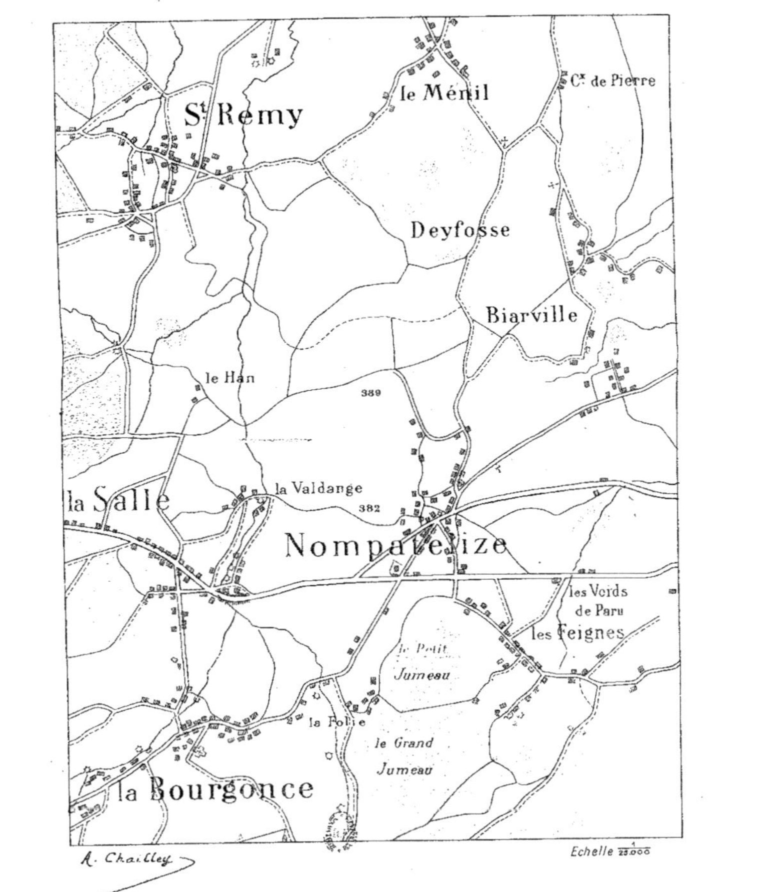
Cx de Pierre
le Ménil
St Remy
Deyfosse
Biarville
le Han
389
la Valdange
382
la Salle
Nompatelize
les Vords
de Paru
les Feignes
le Petit
Jumeau
la Folie
le Grand
Jumeau
la Bourgonce
A. Chailley
Echelle 1/25000

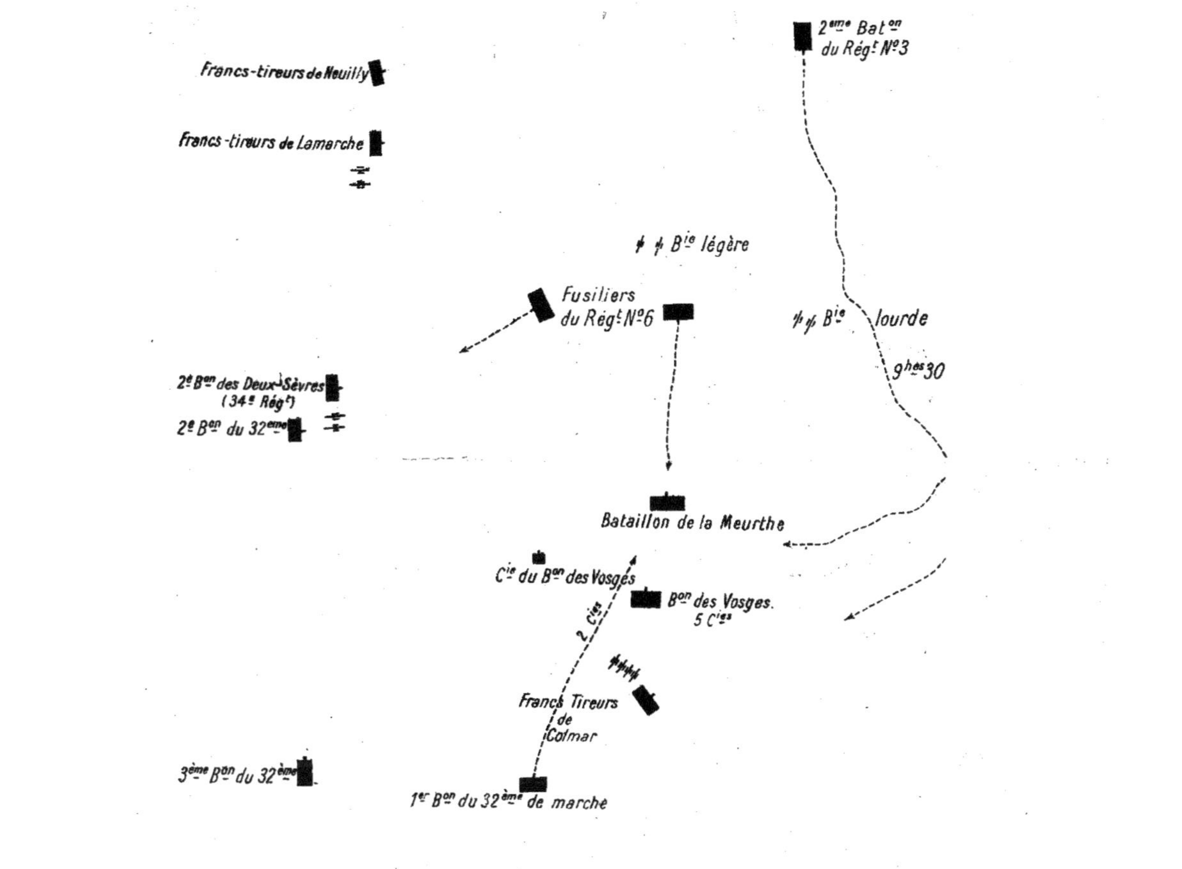

2ème Baton du Régt N°3
Francs-tireurs de Neuilly
Francs-tireurs de Lamarche
Bie légère
Fusiliers du Régt N°6
Bie lourde
9hes30
2e Bon des Deux-Sèvres (34e Régt)
2e Bon du 32ème
Bataillon de la Meurthe
Cie du Bon des Vosges
Bon des Vosges. 5 Cies
2 Cies
Francs Tireurs de Colmar
3ème Bon du 32ème
1er Bon du 32ème de marche

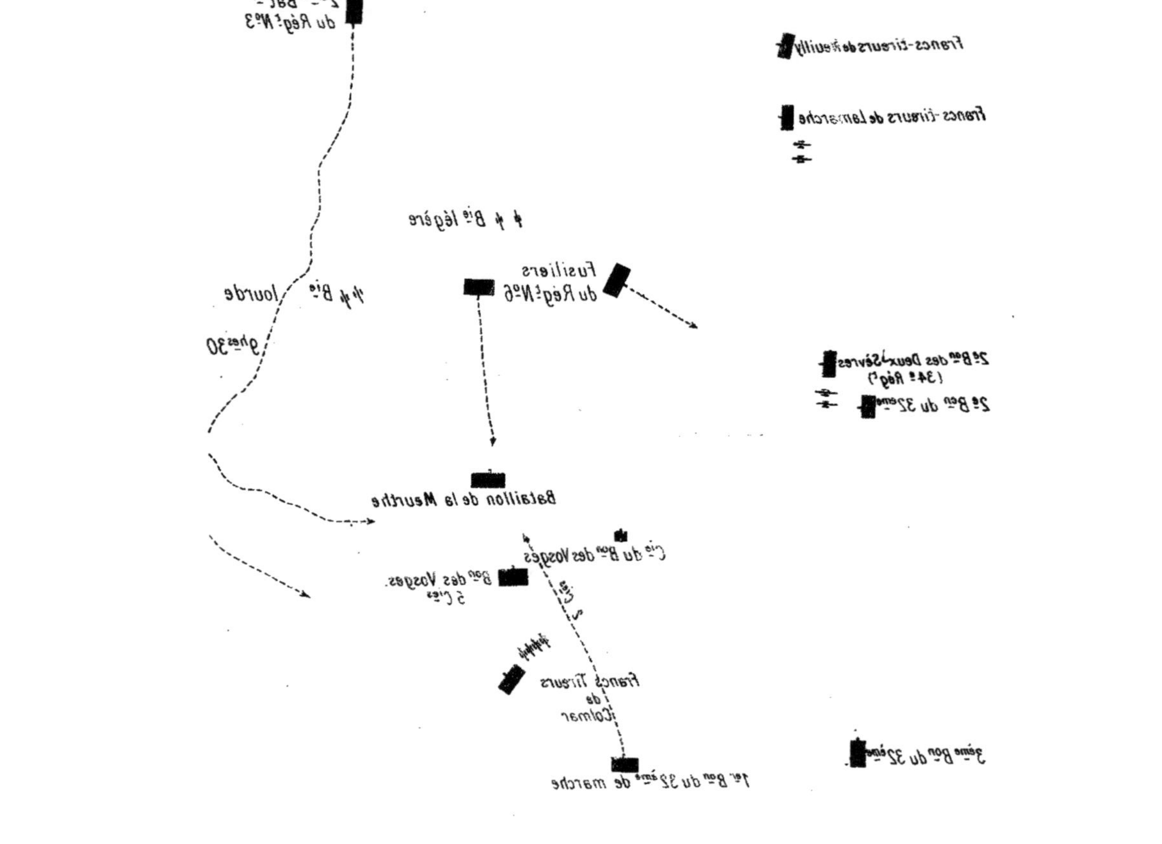

2ème Bat.on du Régt N° 3
Francs-tireurs de Neuilly
Francs-tireurs de la marche
Bie légère
Fusiliers du Régt N° 6
Bie lourde
9hes 30
2e Bon des Deux-Sèvres (34e Régt)
2e Bon du 32ème
Bataillon de la Meurthe
Cie du Bon des Vosges
Bon des Vosges 5 Cies
Francs Tireurs de Colmar
3ème Bon du 32ème
1er Bon du 32ème de marche

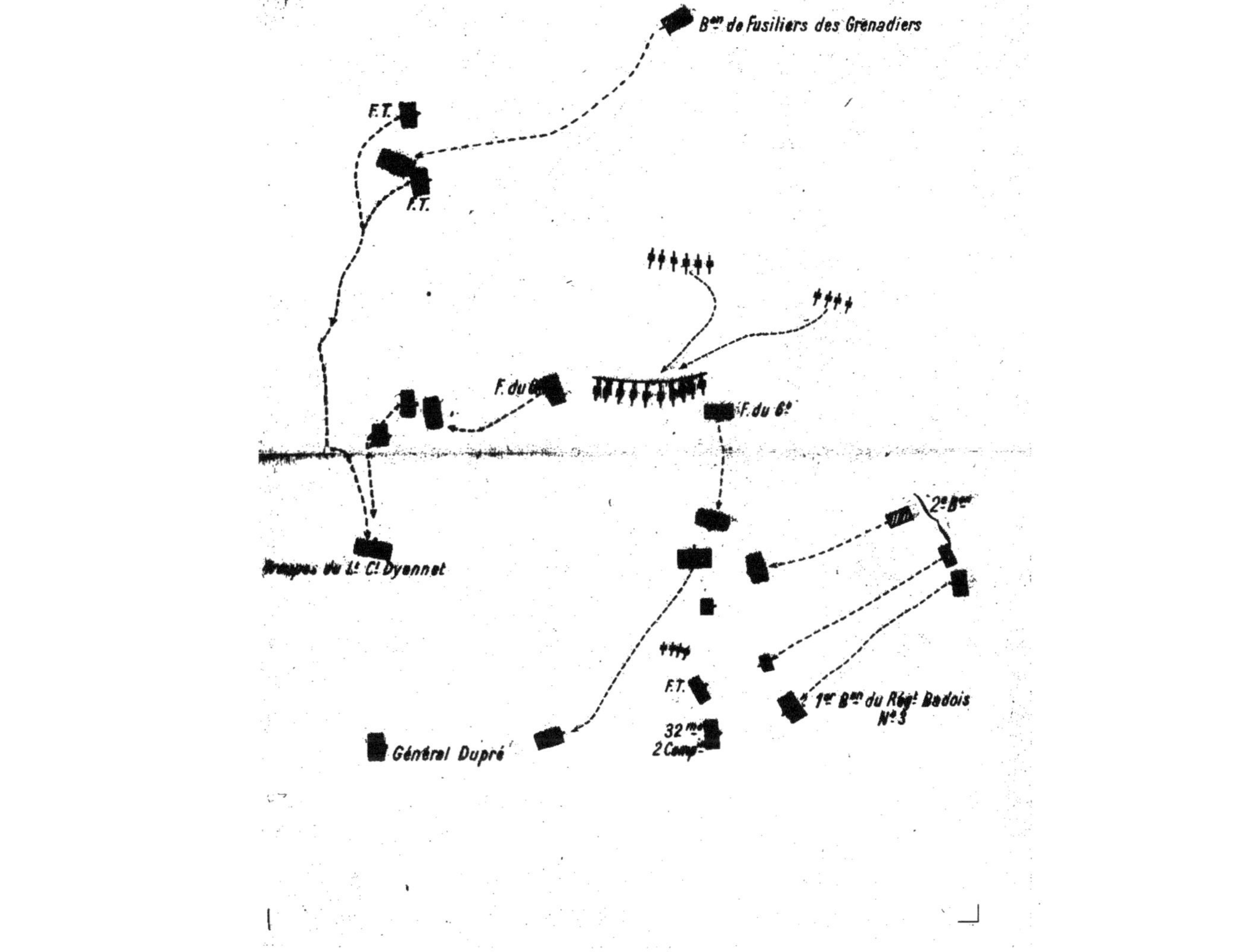

Bon de Fusiliers des Grenadiers
F.T.
F.T.
F. du 6e
2e Bon
1er Bon du Régt Badois
No 3
du Lt Cl Dyennet
F.T.
32me
2 Compe
Général Dupré

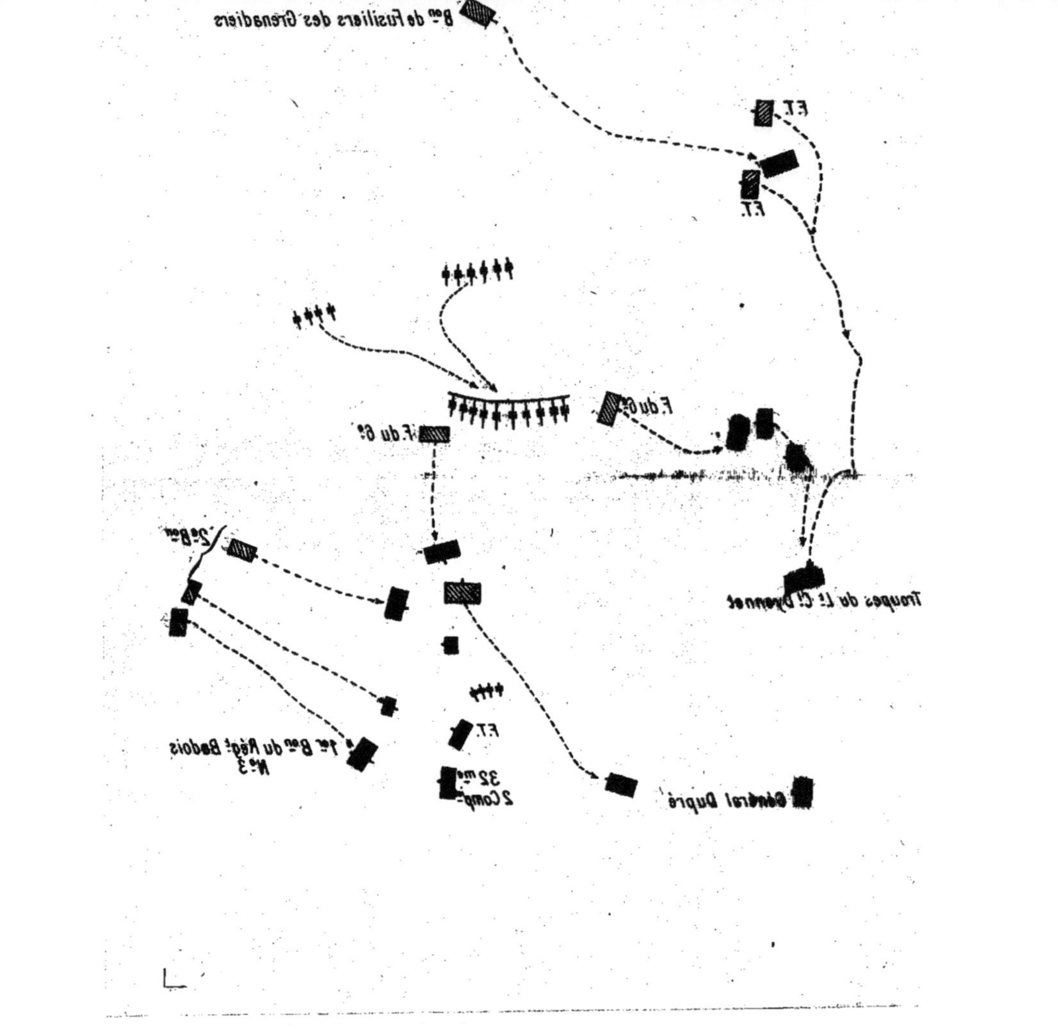

Bon de Fusiliers des Grenadiers
F.T.
F.T.
F. du 6e
F. du 6e
2e Bon
Troupes du Lt Cl Dyonnet
1er Bon du Régt Badois
No 3
F.T.
32me
2 Comp.
Général Dupré

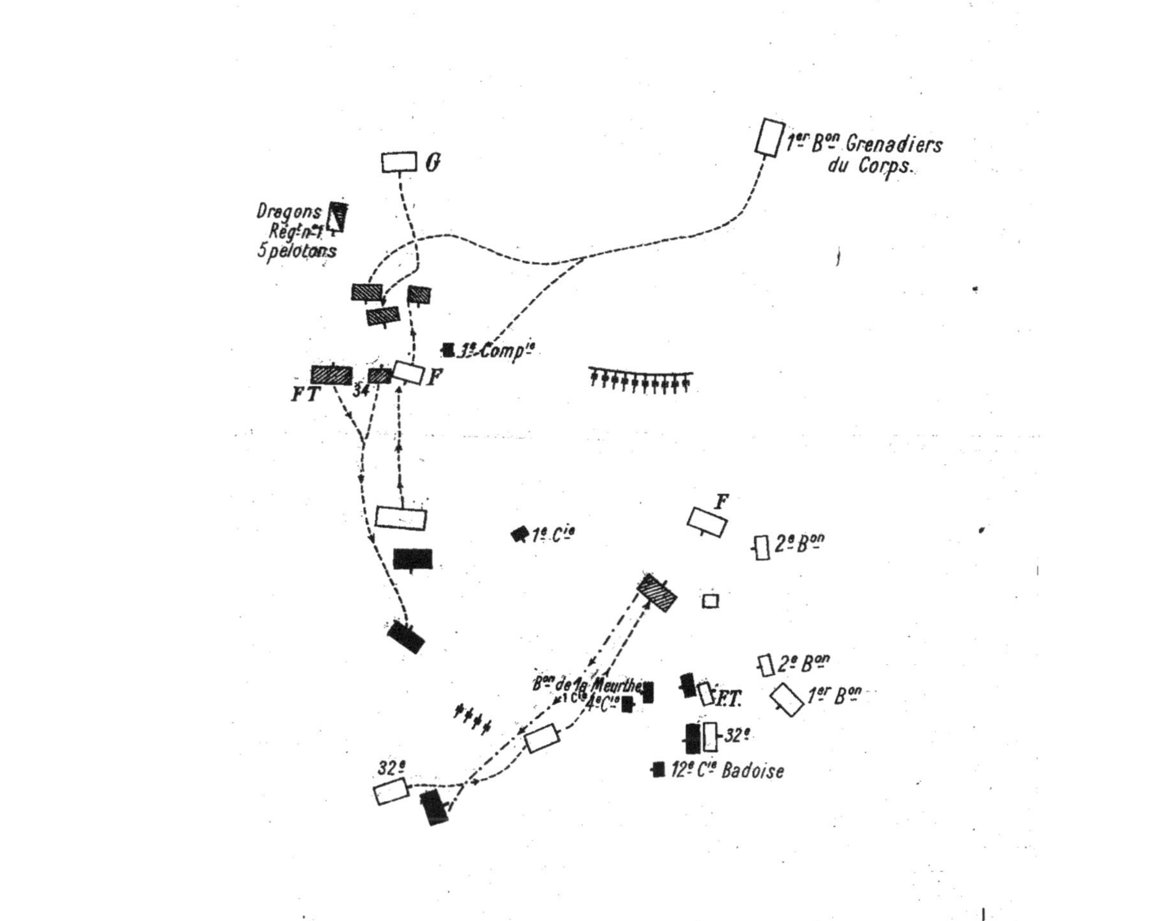

1er Bon Grenadiers du Corps.
G
Dragons Regt n°1 5 pelotons
3e Compie
F
FT
34
1e Cie
F
2e Bon
2e Bon
1er Bon
FT.
32e
12e Cie Badoise
Bon de la Meurthe
1 Cie
4e Cie
32e

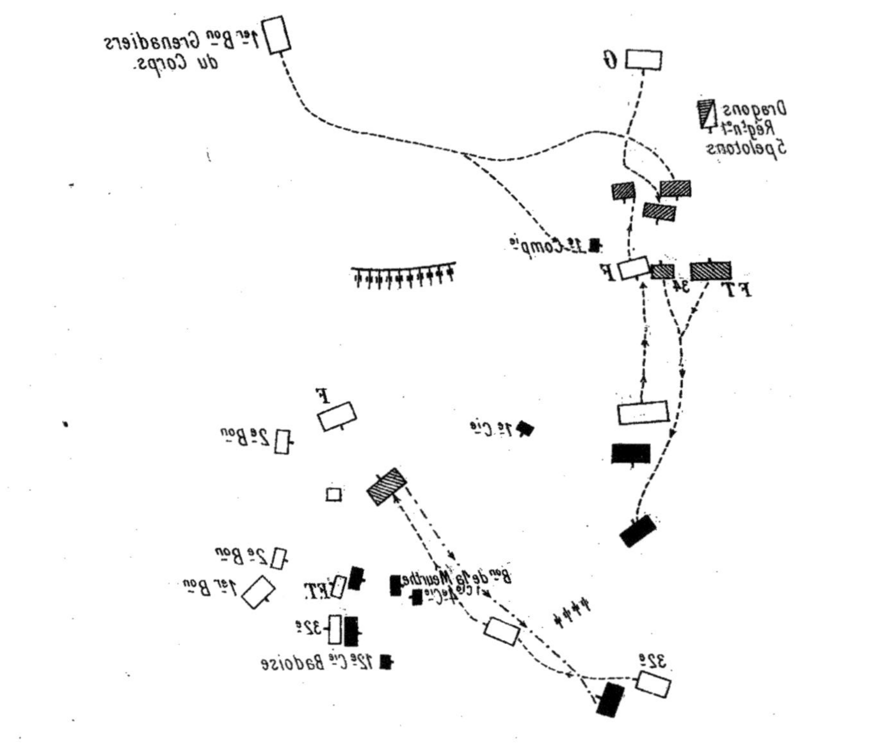
1er Bon Grenadiers
du Corps
G
Dragons
Regt n°1
5 pelotons
1e Compie
F
F T
34
F
1e Cie
2e Bon
2e Bon
1er Bon
F.T.
Bon de la Meurthe
1 Cie 4e Cie
32e
32e
12e Cie Badoise

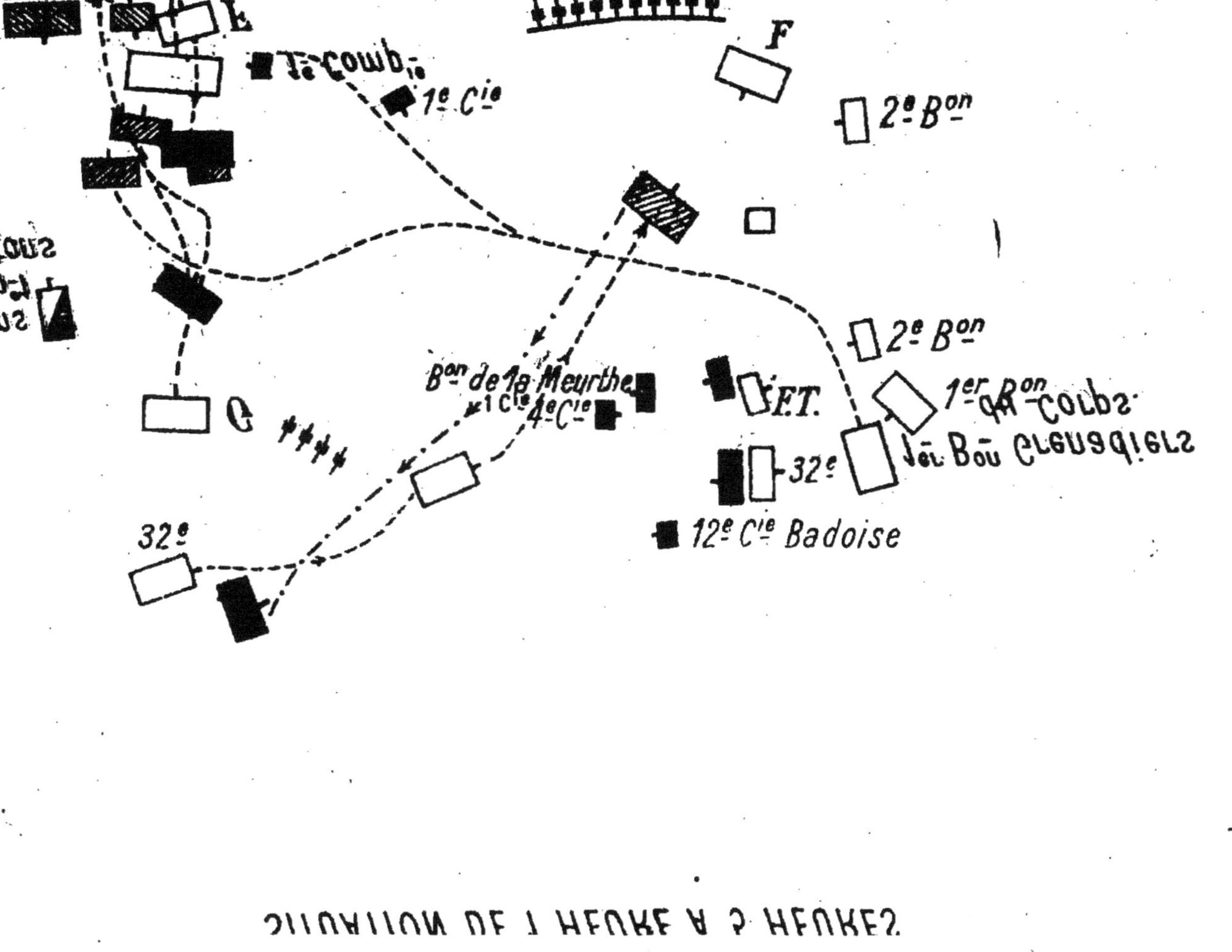

SITUATION DE 1 HEURE À 3 HEURES

gons surveille les pentes de la Bure, les directions de Rougiville et de Saint-Dié.

Vers midi ½, « convaincus de la supériorité bien cons-« tatée de l'adversaire, les Allemands ne considéraient « pas comme prudent de pousser plus loin l'offensive. « Le feu se ralentissait graduellement de part et d'autre, « et, à une heure, il avait totalement cessé, quand au « bout d'une demi-heure, il reprenait brusquement par « une soudaine attaque des Français (1). »

Vers une heure, le général Dupré faisait reprendre l'offensive sur tout le front. A ce moment, le 2e bataillon de la Meurthe très réduit par les 80 hommes qui se maintiennent dans le groupe de maisons situé à la croisée de chemins de la Bourgonce à la Vacherie et de ceux qui s'étaient retirés sur la Bourgonce et le Petit-Jumeau, était réduit à une centaine d'hommes que le commandant Brisac déployait en tirailleurs, entre Nompatelize et la Salle. A la tête de la réserve, six compagnies du 32e de marche et les tirailleurs du 2e bataillon, le général redevenu capitaine pour entraîner ses soldats, se portait en avant. Grièvement blessé d'une balle au visage à l'entrée de Nompatelize (2), il remettait le commandement au lieutenant-colonel Hocédé. Sous l'impulsion de cet énergique officier, la réserve pénétrait dans la partie sud du village qu'elle ne pouvait dépasser. Le lieutenant-colonel Hocédé, une jambe et un bras brisés par un éclat d'obus, restait sur le terrain (3) avec le commandant Vitte du 32e de marche et le capitaine Sageret des francs-tireurs de Neuilly. Le capitaine Varaigne et le sous-lieutenant Pistor étaient blessés.

A l'aile gauche, un nouvel effort avait ramené de la

(1) Ouvrage du grand état-major prussien, 2e part., t. 1, 306.

(2) Le colonel Dupré fut transporté à Bruyères.

(3) Recueilli au presbytère de la Bourgonce, chez M. l'abbé Bayard, le lieutenant-colonel Hocédé subit une double amputation dans la nuit du 7 au 8, et mourut le 9 à 7 h. 1/2 du soir. Voir Append.

Salle sur le Han les troupes du lieutenant-colonel Dyonnet et du commandant Perrin. Repoussés de la ferme, acculés au bouquet de bois situé au nord du Han, les fusiliers du 6e et les grenadiers de Betz, menacés de front et de flanc, sont délogés de ce dernier couvert. Encore une fois la journée est compromise pour les Allemands, quand les troupes de toutes armes font leur apparition sur le terrain, au moment où l'armée française perdait ses meilleurs officiers.

Trois compagnies du 1er bataillon des grenadiers du corps venues de Raon, débouchent d'Étival à rangs serrés, cinq pelotons de dragons menacent notre aile gauche au sud de Saint-Remy; aux ordres du major de Gemmingen, l'infanterie marche sur le Han et la Salle, tandis que les deux dernières pièces de la 4e batterie légère laissées au pont de la Voivre avec les fusiliers du 3e badois, viennent appuyer au nord de Nompatelize les dix pièces en position.

Vers trois heures, malgré la vivacité de nos feux, les grenadiers prenaient pied sur le plateau du Han, la 1re compagnie s'arrêtait sur la Valdange, la 4e marchait sur les fermes de la Folie et le col des Jumeaux; les deux autres compagnies, réunies aux fusiliers du major Betz, rejetaient l'aile gauche en désordre sur le village de la Salle, que le commandant Brisac s'efforçait de couvrir en occupant, avec une centaine d'hommes du 2e bataillon de la Meurthe, un petit bois de pins qui couvre la Salle à l'est de la rive gauche du ruisseau.

Exténués par six heures de combat, démoralisés par la poursuite, les gardes mobiles des Deux-Sèvres, entraînant ceux du 2e bataillon de la Meurthe, allaient se mêler dans un désordre effroyable aux forestiers, aux gardes nationaux des villages voisins, à gauche du remblai de la route de Saint-Dié à Rambervillers (1).

(1) Exactement au débouché est de la Salle, sur la rive droite de la

Le feu violent dirigé de cet abri arrêtait net l'élan des grenadiers.

Valdange, « sur une fosse creusée au pied du remblai nord de la route, entre le pont de la Salle et la scierie, se trouvait une croix de pierre avec cette inscription : « Schnæder Charles, de Rindlin gen. 6 Octobre 1870. » *Gazette vosgienne* du 23 Octobre 1870. Une grande croix de pierre, sans date, existe sur cet emplacement, où fut tué par le garde forestier Morel, posté à une fenêtre de la brasserie de la Salle; le lieutenant Von Bonning, du 1er bataillon des grenadiers du corps.

6 OCTOBRE 1870

RÉSUMÉ DES PHASES DU COMBAT

BRIGADE DUPRÉ

EFFECTIF

32e Régiment de marche	3.600
34e — garde mobile des Deux-Sèvres	3.500
Artillerie, 18e batterie du 14e régiment	150
2e Bataillon de gardes mobiles de la Meurthe	570
Un bataillon et demi des Vosges	1.300
Francs-tireurs de Neuilly, de Lamarche et de Colmar	330
Total	9.450

FORMATION DES COLONNES

5 h. 30 à 6 h. 30, prise de contact avec les reconnaissances de cavalerie badoise. (Brouillard épais sur le terrain).

7 h. 30, vers Saint-Remy-Etival : francs-tireurs de Neuilly, de Lamarche, 34e régiment des Deux-Sèvres, une section d'artillerie de 4, lieutenant-colonel Rouget de Gourcez.

Nord-Est de Nompatelize et village : francs-tireurs de Colmar (2 compagnies), 2e bataillon de gardes mobiles de la Meurthe, 58e régiment de marche des Vosges, 4 pièces de 4, lieutenant-colonel Dyonnet.

Réserve : 32e régiment de marche, lieutenant-colonel Hocédé.

Temps clair, le brouillard est dissipé, les troupes commencent leur déploiement.

8 heures, occupation de Nompatelize par le 2e bataillon de la Meurthe, une compagnie du bataillon des Vosges, entre Nompatelize et la Salle.

Au Petit-Jumeau : cinq compagnies du bataillon des Vosges et deux compagnies de francs-tireurs de Colmar.

Réserve : 1er bataillon du 32e de marche à La Folie, le 2e derrière le Han, le 3e au nord de La Bourgonce avec le général Dupré et le lieutenant-colonel Hocédé.

8 h. 30 à 9 h., perte du saillant nord du village de Nompatelize, renfort de 2 compagnies du 32e de marche.

9 h. 30, mouvement tournant de l'aile gauche sur la Molière, le 2e bataillon du 3e régiment débouche de Biarville. Occupation de la Molière par le 34e, recul des 2 pièces badoises.

2 compagnies marchent sur les Feignes, deux par le vallon à gauche de la route de Saint-Dié. Perte de l'avancée nord-est de Nompatelize, défense dans les maisons du chemin des Void-de-Paru.

11 h. 30, échec de l'attaque badoise; appel aux troupes laissées sur la rive droite de la Meurthe, à Étival et à Raon.

12 heures à 12 h. 30, intervention de 4 pièces de la batterie lourde à la Molière, puis de 4 pièces légères à Biarville. Occupation des Feignes par 6 compagnies des 1er et 2e bataillon du 3e régiment. Abandon de Nompatelize par le 2e bataillon de la Meurthe et les compagnies du 32e, retraite sur la Bourgonce et dans les maisons de la croisée de chemins de la Bourgonce et de la Vacherie. Perte de Saint-Remy et de la ferme du Han, combat à la lisière des bois de St-Benoît. Retraite sur la Salle.

1 heure, reprise de l'offensive sur tout le front, réoccupation de la partie sud de Nompatelize, reprise du Han, marche sur bois au nord du Han.

2 heures, intervention sur la gauche de cinq pelotons de dragons, de 2 pièces de la 4e légère à la Molière et de 3 compagnies du 1er bataillon de grenadiers à l'ouest de Nompatelize, marchant sur la Salle.

3 heures, retraite de l'aile gauche sur la Salle.

4 heures, résistance soutenue au Petit-Jumeau, dans le bois au nord de la Salle, et au remblai de la route près du pont de la Valdange, écrasement de la compagnie des Vosges au Petit-Jumeau. Dernière contre attaque du 32e contre Nompatelize. Échec.

4 heures à 4 h. 30, assaut du Petit-Jumeau par les 6 compagnies

du 3e régiment. Retraite de l'artillerie à l'est de la Bourgonce, nord de la côte 379.

5 heures, intervention des 4e et 12e compagnies badoises, fin de la lutte au Petit-Jumeau.

5 h. 30, combat d'arrière-garde à l'est de la Bourgonce.

6 heures, retraite sur Mont-Repos où la colonne arrive vers 7 h. 30.

BRIGADE DEGENFELD

EFFECTIF

INFANTERIE

Régiment badois N° III, 3 bataillons, compagnies à 150 hommes. — Fusiliers du régiment N° 6, 1 bataillon. — Bataillon de fusiliers des grenadiers du corps, 1 bataillon. — Grenadiers du corps, 1 bataillon, soit.............................. 3.600

CAVALERIE

Deux escadrons ½ du régiment de dragons N° 1, à 120 sabres.. 270

ARTILLERIE

Deux batteries.. 180

Total........... 4.050

FORMATION DES COLONNES

Rive gauche.

MAJOR KIEFFER

1 bataillon du IIIe régiment. — 1 bataillon de fusiliers du 6e régiment. — 1/2 escadron du 1er régiment de dragons. — 2 pièces de la 4e batterie légère.

Rive droite.

COLONEL MULLER

1 bataillon du IIIe régiment. — 1 bataillon de fusiliers du IIIe régiment. — 1 escadron ½ du 1er régiment de dragons. — 2e batterie lourde. — 4 pièces de la 4e batterie légère.

EN RÉSERVE

A Étival, 1er bataillon de fusiliers de grenadiers du corps. —

A Raon-l'Étape, 1er bataillon de grenadiers du corps. — 1 escadron du 1er régiment de dragons.

5 heures à 6 h. 30, reconnaissances des patrouilles de cavalerie badoise en avant de Nompatelize.

8 h. 30 à 9 heures, le bataillon de fusiliers du 6e régiment marche sur Nompatelize, le 2e du 3e régiment sur Biarville, les 2 pièces légères occupant la Molière.

9 h. 30, le 2e bataillon du 3e régiment (major Steinwach), débouche de Biarville, 2 compagnies marchent sur les Feignes, 2 sur Nompatelize. Deux pièces venues de la rive droite par le pont de la Voivre occupent Biarville. Arrêt des 2 compagnies dans le vallon à gauche de la route.

10 heures, recul du bataillon de fusiliers du 6e régiment devant la contre-attaque des gardes mobiles des Deux-Sèvres et des francs-tireurs de Neuilly.

11 h. 30, échec complet sur toute la ligne badoise. Appel sur le champ de bataille de la majeure partie de la colonne de gauche et des troupes laissées à Étival et à Raon. L'artillerie rebrousse chemin pour passer la Meurthe à Étival.

12 heures, 4 pièces de la 2e batterie lourde s'installent à la Molière. Abandon de Nompatelize incendié.

12 h. 15, 4 pièces de la 4e batterie légère prennent position sur la croupe au sud-ouest de Biarville. Le 1er bataillon du 3e régiment traverse la Meurthe, apparaît devant les Feignes avec les 2 compagnies du 2e bataillon et occupe le hameau. Intervention de 3 compagnies du bataillon de fusiliers des grenadiers du corps (major Betz). Occupation de Saint-Remy. Combat contre les troupes établies au Han et à la lisière des bois de Saint-Benoît.

1 heure, contre-attaque des Français sur tout le front, perte de la partie sud de Nompatelize, de la ferme du Han, recul des fusiliers sur le bois au nord du Han, ils vont être délogés de ce bois quand à :

2 heures, 5 pelotons de dragons prolongent la droite badoise, arrêtent le mouvement tournant, 2 dernières pièces légères arrivent à la Molière : 3 compagnies du 1er bataillon du régiment de grenadiers du corps (major Gemmingen), marchent sur la Salle.

3 h. 30, arrêt devant le remblai de la route.

4 heures, occupation de la ligne la Salle-Nompatelize.

4 h. 30, occupation du Petit-Jumeau par les 6 compagnies du 3e régiment.

5 heures, fin de la bataille.

A ce moment, les 1er et 3e bataillons des Vosges et quelques compagnies du 32e de marche tentaient contre le village de Nompatelize une dernière attaque. Battus de front par les douze pièces en batterie à la côte 389, pris d'écharpe par la 1re compagnie arrivée entre la rive droite de la Valdange et la côte 382, nos soldats décimés se repliaient sur la Bourgonce, où parvenaient les débris du lieutenant-colonel Dyonnet.

A quatre heures, tout ce qui se trouvait entre la Salle et Nompatelize était dispersé, l'ennemi va occuper la Salle; à 4 h. ¼, la ferme située à la croisée des routes au sud de Nompatelize (1) tombe entre ses mains; un seul point nous reste encore, le bois des Jumeaux qui va nous être enlevé.

Vers deux heures, après un long arrêt dans le hameau des Feignes, le major Steinwach qui remplace le colonel Müller blessé, débouchait résolument du hameau, entraînant à l'assaut les six compagnies disponibles du 3e régiment.

Cette attaque, dit le lieutenant-colonel Bruté de Rémur (2) fut exécutée avec la correction du terrain de manœuvre, « avec un ordre, un calme, une assurance « vraiment remarquables; l'entrée en ligne méthodique « des soutiens et des réserves épaissit peu à peu la « chaîne; à cinquante pas, celle-ci, sur certains points, « n'a pas moins de sept à huit rangs de profondeur.

(1) A la croisée de chemins de la Bourgonce à Nompatelize, la Salle, la Vacherie par les Void-de-Paru, là où se trouve la croix de pierre. Situation de une heure à cinq heures.

(2) O. c. 74.

« C'est la distance que le major Steinwach à choisie « pour l'assaut. » Un formidable hourrah retentit, d'un bond, les Badois atteignent la lisière, pénètrent sous bois, où ils trouvent encore sur la pente escarpée une résistance à laquelle ils ne s'attendaient pas. A bout de munitions, les défenseurs résistent pied à pied ; les francs-tireurs de Colmar qui, depuis midi, avaient dû puiser dans les sacs du 32e de marche, brûlaient là leurs dernières cartouches. Vers quatre heures, l'arrivée de la 4e compagnie de grenadiers, dirigée du Han sur les fermes de la Folie, atteignait le col des Jumeaux, prenait à revers la compagnie du bataillon des Vosges, déployée à la lisière nord du mamelon, et lui faisait mettre bas les armes. Notre artillerie, impuissante et décimée, s'est retirée au nord-ouest de la Folie, entre la Bourgonce et la rive gauche de la Valdange ; puis au delà de la Bourgonce, au sud de l'église, pour retarder les progrès de l'attaque, protéger la retraite en lançant ses derniers obus.

Il est 4 heures 1/2, on luttera encore pendant une heure sur le Petit-Jumeau, où les francs-tireurs de Colmar, quelques compagnies du 32e de marche et des gardes mobiles des Vosges rivalisent de courage et de ténacité.

Vers cinq heures, le mamelon est cerné de toutes parts ; la 4e compagnie, venant de la Folie, monte vers le col où elle va donner la main à la 2e accourue de Sauceray. A ce moment, il reste à peine soixante-dix hommes, tous se font jour à travers ces compagnies, gagnent le Haut-de-Sauceray et Bruyères, où ils parvenaient à onze heures du soir, d'où ils repartaient pour Laval à deux heures du matin. « Il ne restait plus sur la position que « quelques héroïques obstinés, quelques blessés, sur « lesquels l'ennemi s'acharna sans pitié ; d'autres, jetant « sacs, cartouchières, fusils, s'enfuyaient en désordre et « tombaient la plupart entre les mains du vainqueur (1). »

(1) Lieutenant-colonel Bruté de Rémur, oc. 71.

La lutte avait été des plus énergiques aux Jumeaux ; les officiers qui retournèrent à la Bourgonce, à l'anniversaire du 6 Octobre 1871, et qui parcoururent le bois, trouvèrent encore le sol jonché de débris de cartouches, les arbres mutilés, troués par les balles et les obus (1).

La lutte est terminée; nos troupes ont évacué la Bourgonce ; la 4e compagnie des grenadiers du corps et des fractions du 6e régiment peuvent y pénétrer sans coup férir, pendant que la 12e compagnie du 3e badois, contournant les bois des Jumeaux, ramassait à la nuit tombée encore quelques prisonniers dans la Basse-de-Genevré. Couverte par un détachement du 32e de marche, posté avec le lieutenant Clément à l'ouest de la Bourgonce, la retraite s'effectuait péniblement par la Passée-du-Renard vers le col de Mont-Repos.

Tout ce qui restait d'organisé dans le 2e bataillon de la Meurthe, 79 hommes, sous la conduite de quelques officiers et du commandant Brisac, couvrait à l'arrière-garde l'écoulement des troupes. La tristesse, la fatigue et la faim rendaient cette marche des plus pénibles. Le désordre accru par la nuit était inexprimable ; échappant à l'autorité, les corps gravissaient à volonté la route de Mont-Repos ; tous se seraient débandés, si les débris du 2e bataillon de la Meurthe et quelques compagnies du 32e de marche aux ordres du commandant Brisac, n'avaient poussé les traînards par d'énergiques procédés. Ainsi tous les corps étaient confondus, manquant de voitures d'ambulances, « beaucoup de blessés périrent, faute de soins individuels, on les transportait sur de grands chariots des montagnards attelés de bœufs au joug (2). »

Au sommet de Mont-Repos, l'arrière-garde trouvait, faisant halte, les débris des corps qui l'avaient précédée et la légion bretonne du commandant Domalin restée

(1) *Journal de marche du 2e bataillon de la Meurthe*, 11, note 1.

(2) Capitaine Gridel, manuscrit cité, 10.

là prudemment en réserve pendant le combat. Fort mal composée, plus mal construite, la légion qui n'avait de breton que le nom, n'aimait pas le feu (1). Elle partagea cependant ses vivres avec les débris des corps qui avaient combattu.

Au col, une discussion très animée s'engagea entre le commandant Perrin et le lieutenant-colonel Rouget-de-Gourcez, au sujet de la conduite à tenir. Le premier voulait bivouaquer sur place et défendre le passage pied à pied; voyant ses hommes exténués, sans vivres, l'artillerie sans munitions, le colonel, en l'absence du général Dupré blessé, dirigea la retraite sur Bruyères par les Rouges-Eaux. La colonne arriva dans cette ville à dix heures du soir; la municipalité « refusa impitoyablement de dis-« tribuer des billets de logement pour les quelques mil-« liers d'hommes harassés, mais les habitants se mon-« trèrent plus sympathiques en donnant l'hospitalité à « la plupart de ces pauvres gens (2). »

Fort heureusement, il n'y eut pas de poursuite. Fatigués par dix heures de marche et de combat, gênés par l'obscurité, redoutant de s'engager dans une région difficile, très éloignée du XIVe corps, les Badois s'arrêtaient sur le champ de bataille, dans les villages de Nompatelize, Saint-Remy et la Bourgonce qu'ils devaient incendier le surlendemain.

Le 7, à sept heures du matin, la retraite commençait sur Bruyères, protégée par la légion bretonne et un bataillon des Deux-Sèvres laissés à Mont-Repos, et précédée par la légion Bourras qu'une retraite prématurée avait conduite à Maillefaing. Bourras s'établissait à Brouvelieures, au débouché ouest des Rouges-Eaux; une de ses compagnies devait occuper le col du Haut-

(1) Lieutenant-colonel Bruté de Rémur, o. c. 73. Voir append.
(2) *Journal de Marche du 2e bataillon de la Meurthe*, 44, 45.

Jacques; la légion compte 16 compagnies et 29 officiers (1).

La journée du 6 nous coûtait un grand nombre d'officiers et de soldats tués, blessés ou prisonniers.

Dans son ouvrage de la guerre sur les communications de l'armée allemande, le commandant J.-B. Dumas estime les pertes à 62 tués et 300 blessés. Ces chiffres sont inférieurs à la réalité. Pour s'en convaincre, il suffit de consulter ceux qui sont inscrits sur les monuments élevés à la mémoire de nos soldats et les registres des municipalités. Le bataillon de la Meurthe avait surtout souffert, 14 tués, 26 blessés (2), 83 prisonniers qui, n'ayant pas entendu le ralliement à midi, avaient combattu à Nompatelize jusqu'à quatre heures, avec le lieutenant Vaincker et l'adjudant Clément. L'armée laissait 6 officiers et 582 hommes prisonniers, dont 367 de la ligne et 215 de la garde nationale mobile.

Les officiers avaient particulièrement souffert; le général Dupré était grièvement blessé d'une balle à la mâchoire inférieure, le capitaine Varaigne avait reçu un éclat d'obus à la tête; Schœdlen, deux balles, l'une au

(1) « Arrivée à La Bourgonce à midi et demi, la légion Bourras se masqua « prudemment sous bois pendant le combat, et il fut impossible au com- « mandant Perrin de la faire engager. Seul l'officier d'ordonnance du com- « mandant Bourras, le lieutenant Pistor, sorti de l'École polytechnique au « mois de Juillet et décoré quelques jours après pour avoir enlevé un canon « à l'ennemi à Wissembourg, paya bravement de sa personne : Il eut une « jambe cassée par un éclat d'obus. » Quant aux éclaireurs du Rhône, rentrés à Bruyères après le deuxième combat de nuit d'Azerailles, ils restaient à Bruyères, « où leurs exigences et leurs procédés ont laissé mauvais souvenir. » Lieutenant-colonel BRUTÉ DE RÉMUR, o. c. 71, note 1.

(2) Nompatelize, 128; Saint-Remy, 91; la Salle, 45; Saint-Michel, 11. Total 281. Morts aux ambulances de Raon du 7 Octobre au 31 Décembre 1870, 26 hommes. Voir appendices. *Journal de marche du 2e bataillon de la Meurthe*, texte 46, note 2. *Ibid.* 26 blessés dont deux officiers, le capitaine Verdelet de la 7e compagnie, Renaux, lieutenant de la 2e compagnie. Le *Journal de marche du 2e bataillon de la Meurthe*, p. 178, tableau N° 2, mentionne les noms de 21 blessés. Le capitaine Gridel y a ajouté les deux noms suivants : Hachon, garde de Bulonville, et Leger, garde à Bertrichamps.

bras droit, l'autre dans la poitrine; (1) le commandant Vitte, du 32e, mourra un mois plus tard des suites de ses blessures, le capitaine Sageret le 8, le lieutenant-colonel Hocédé le 9. Le lieutenant Letourneur et 33 francs-tireurs de la compagnie de Neuilly restaient sur le terrain; après le combat, la compagnie ne comptait plus que 60 hommes présents, dont le sous-lieutenant de Belleval prenait le commandement comme seul officier survivant.

Au 32e de marche, on comptait un officier tué, le sous-lieutenant Cogneux; dix officiers blessés, les capitaines Guérin et Ancel, les lieutenants Leymarie, de la Porte, Sarrières, Baty, Sacreste, Merlin, Villedieu et le sous-lieutenant Menestrel; 500 hommes tués ou disparus. Brave 32e de marche! il a perdu, en outre, comme le 2e bataillon de la Meurthe, tous ses havre-sacs et son matériel de campement; des paysans d'un village compris dans le champ de bataille ont pillé la caisse du régiment (2).

Les bataillons des Deux-Sèvres avaient non moins souffert; quatre-vingt-dix-sept des leurs dorment le dernier sommeil sous le monument de Saint-Remy. « Dans « cette journée, et dans les petites opérations des jours « précédents, le 2e bataillon de la Meurthe perdait cinq « fois plus de monde que dans le reste de la guerre (3). » Nous retrouverons cet héroïque bataillon menant l'arrière-garde de l'armée de Cambriels du plateau de Champdray à Faucogney.

Les Allemands accusent 5 officiers et 92 soldats tués,

(1) Schœdlen fut blessé vers une heure, au moment de la contre-attaque de Nompatelize, en disposant les Mobiles sur la ligne de combat. « Une pre- « mière blessure au bras droit ne l'arrêta pas; il passa sa canne dans la « main gauche, mit son bras en écharpe, et continua à donner ses ordres, « jusqu'au moment où une balle vint l'achever en lui trouant la poitrine. » J.-B. Dumas, oc. 50. Note 1.

(2) Les pillards ont été jugés et condamnés, il convient d'en taire les noms.

(3) Cap. Gridel, manuscrit cit. 11.

20 officiers et 314 blessés, 5 disparus; soit 339 hommes et 33 chevaux de l'artillerie et des dragons (1).

La longueur du combat, la supériorité du fusil Chassepot dont la plupart de nos troupes étaient pourvues, l'interdiction d'approcher les morts et les blessés, les évacuations immédiates, car les Allemands avaient des ambulances bien organisées quand nous manquions de tout, font admettre des chiffres plus élevés. Un capitaine, un porte-drapeau et 24 soldats ont succombé aux ambulances de Raon, la plupart des tués et blessés du 6 Octobre furent évacués, comme ceux du 23 Septembre et du 5, sur Badonviller, et au-delà.

Nous avions engagé 9.450 hommes, les Allemands 23 compagnies, 2 escadrons et demi et 2 batteries, tous soldats aguerris provenant du siège de Strasbourg, soit plus de 4.000 hommes contre des troupes dépourvues de cavalerie et d'artillerie, fatiguées par des transports et les marches de nuit. Si quelques éléments ont hésité pendant la bataille, la plupart ont rempli leur devoir, les marches que ces jeunes soldats vont entreprendre témoignent de leur énergique ténacité.

Parti de Belfort le 4 Octobre, Cambriels arrivait à Bruyères pour recueillir les débris de la brigade Dupré. Renonçant au but assigné, il se décidait à l'occupation du massif compris entre Bruyères et Gérardmer, que l'adversaire devait longer pour atteindre Besançon par les cols de la Faucille et les routes conduisant vers l'Oignon.

Glacial à cette époque de l'année, le massif de Champdray présentait l'avantage de tenir les débouchés de la Meurthe sur la Vologne. La position barre effectivement vers l'est les routes de la Schlucht par la vallée des lacs, celles du Bonhomme et de la Haute-Meurthe par le Valtin, la vallée de Sachemont et le col du Plafond. Vers le nord, elle barre les routes de Corcieux-Granges par Barbey-

(1) Ouvrage du grand état-major prussien. 2e p. t. I. Suppl. LXXXIII.

Seroux ; à l'ouest, les hauteurs de Fiménil, Champ-le-Duc, Herpelmont, dominent le cours moyen de la Vologne. Les Xettes, le côté droit du lac, tiennent la direction Gérardmer-Remiremont par Rochesson et Vagney. Dans son ensemble, le massif constitue la clef du secteur Volognais.

En utilisant les riches villages qui en jalonnent la base, et la voie ferrée, on assurait à l'armée qui avait tant souffert, des vivres et de larges cantonnements dans lesquels renforts, vivres et munitions dirigés d'Épinal, de Remiremont et de Belfort, pouvaient facilement arriver. La région était encore libre d'ennemis, mais il fallait occuper le col du Plafond et disposer de cavalerie suffisante pour explorer les bois de Faîte prolongés par la forêt d'Épinal que la brigade prussienne ne manquera pas d'utiliser.

Le front tenu est trop étendu, 35 kilomètres élargis par des postes d'infanterie établis aux cols du Haut-Jacques et de Mont-Repos. Ces postes, mal soutenus et sans liaison, ne tiendront pas ; les événements les leur feront abandonner sans ordres du commandement. Il eut mieux valu cantonner dans les villages les plus proches, construire le cas échéant des abris sous bois, à proximité de l'eau, et couvrir par des postes retranchés les voies conduisant sur le point de rassemblement.

Arrivées sur le plateau, les troupes étaient réparties en deux brigades. La première, aux ordres du colonel Perrin (1), s'étendait de Clefcy à Fiménil ; la deuxième, avec le lieutenant-colonel Rouget de Gourcez, de Fiménil à Jarménil, au confluent de la Moselle et de la Vologne ; le 2e bataillon de la Meurthe reliait à Granges les deux brigades (2), appuyées la droite à la ligne de faîte

(1) Nommé colonel auxiliaire le 7 Octobre par le général Cambriels. Le capitaine Varaigne était également nommé colonel au même titre, et gardait ses fonctions de chef d'état-major.

(2) 1re brigade : 58e de marche (gardes mobiles des Vosges). — 2e bataillon

des Vosges vers la Schlucht et le Valtin, la gauche à Jarménil. Deux cents gardes nationaux volontaires d'Epinal couvraient le quartier général à Champdray.

Les 7 et 8 Octobre, quatre compagnies du 85e de marche, la légion d'Antibes (1) (36e de marche), le 55e de marche du Jura, le 2e bataillon des gardes mobiles du Doubs et six pièces de douze renforçaient l'armée dont l'effectif atteignait quinze mille hommes environ. D'autres renforts étaient attendus le 11, un bataillon du 3e zouaves de marche, 15 officiers et 1.200 hommes occupaient Remiremont. La 14e batterie (capitaine Lebourg) du 3e régiment, la 2e compagnie (*ter*) du 2e régiment du train, un bataillon du 85e de marche et deux escadrons du 7e de chasseurs du colonel Thorton étaient dirigés de Belfort sur Remiremont. Enfin, deux wagons de munitions arrivés le 7 à Épinal assuraient un premier ravitaillement (2)

A défaut de services administratifs, des achats de vivres effectués par un entrepreneur civil, et ceux des

de gardes mobiles du Doubs, commandant d'Ollone, arrivé le 7 Bruyères. — 1er et 2e bataillons du 32e de marche. — 2e bataillon de la Meurthe, commandant Brisac.

2e brigade : 31e régiment de marche (gardes mobiles des Deux-Sèvres). — 3e bataillon du 32e de marche. — 4 compagnies du 85e de marche (gardes mobiles du Haut-Rhin). — Légions d'Antibes, Bourras et Domalin.

Au 32e de marche, le commandant Graziani remplace, comme lieutenant-colonel, le lieutenant-colonel Hocédé.

(1) La légion d'Antibes formait le 36e de marche. Mise par l'empire au service de Pie IX. Elle constitua, dès son retour en France, d'abord le 1er bataillon du 36e sous les ordres du commandant Segard, dirigé de Tarascon sur Belfort où il arriva le 5 Octobre. Le 7, ce bataillon était à Bruyères; le 16 à Besançon; il n'a pas pris part aux opérations dans les Vosges, mais à la retraite. Rentré le 16 à Besançon, 500 hommes des Deux-Sèvres et 200 de la Haute-Loire lui constituaient un 2e bataillon; la légion devenait alors le 17e de marche aux ordres de M. Segard, promu colonel auxiliaire. Le régiment combattit le 22 sur l'Oignon, le 23 à l'affaire des Trois-Croix. A la formation du 20e corps, le colonel Segard commandait la 3e division d'infanterie, le colonel Brisac la 2e brigade de la 1re division : le colonel Varaigne était chef d'état-major du général Crouzat.

(2) J.-B. Dumas, oc. 61.

capitaines suffisaient aux distributions. Rien ne manqua, une circulaire du Préfet des Vosges venait d'interdire formellement le transport des denrées sur les points occupés par l'ennemi. Redoutant l'invasion, les paysans arrachaient prématurément les pommes de terre qu'ils dirigeaient en grande partie sur Lunéville et Nancy (1).

Les services d'état-major et du génie manquaient totalement. Après leur tentative contre le tunnel de Lutzelbourg et leur retraite précipitée sur Épinal quand le canon tonnait à la Bourgonce, la plupart de la compagnie des « quarante » se faisaient attacher en qualité d'estafettes au quartier général, puis comme officiers d'état-major. Les uns rendirent de réels services, les autres se montrèrent aussi insuffisants que le sieur de Lichtenberg, ancien ingénieur chef de section à la compagnie des chemins de fer de l'Est, représentant le corps du génie à l'armée de l'Est et dont le personnel ne parut jamais. « Bien accueilli par le général, il arborait dès le premier jour un képi de capitaine qu'il avait eu la précaution d'apporter dans sa malle; quelques jours après, sans notification officielle, un quatrième galon s'y trouvait attaché... » Ce personnage réquisitionnait plus tard à Besançon le cheval « et la voiture d'une vieille mar- « quise chez laquelle il était logé, voyageait dans cet « équipage pendant une partie de la campagne : colonel, « puis général, il signait en cette qualité l'internement « de nos soldats en territoire suisse » (2).

Le 11, le service de sûreté des troupes établies sur les positions de la Vologne occupait :

Quatre compagnies du 85e de marche sur le flanc droit à Munster et à la Schlucht; 600 hommes du colonel Keller, un bataillon des gardes mobiles de la Haute-Saône sur le flanc gauche à Thann, aux cols

(1) Lieutenant-colonel BRUTÉ DE RÉMUR, oc. 80, note 1, 83.
(2) Lieutenant-colonel BRUTÉ DE RÉMUR, oc. 81.

d'Odcren et de Bussang. En avant, le 1er bataillon du 32e, au delà de Barbey-Seroux, au col des Arrentès de Corcieux, le 2e bataillon à Gerbépal; le 58e a un bataillon à Bellevue, un devant Varimont et au Haut-de-la-Côte (côte 731, près des Collioures), un demi-bataillon à Barbey-Seroux, l'autre demi-bataillon à l'Étang-d'Oron et à la Grande-Roche; le 2me bataillon du Doubs à Gérardmer.

Vers la Haute-Saône, neuf bataillons de gardes mobiles assurent les communications. A peine vêtus, sans équipement, armés de vieux fusils à piston, portant dans leurs poches ou dans un mouchoir suspendu au ceinturon les 30 ou 40 cartouches dont on les avait pourvus; étaient échelonnés de Vauvillers à Champagney, sur les emplacements assignés par le Comité de défense de la Franche-Comté (1).

Le dénûment de ces gardes mobiles était extrême, l'indiscipline régnait même parmi les officiers. Plus au sud, 21.000 hommes se rassemblaient à Langres, Auxonne, Belfort et Besançon, où ils constituaient les premiers éléments de l'armée de l'Est (2).

Le 9, la légion d'Antibes, renforcée par quelques compagnies du 78e de marche, était désignée pour renforcer à Mont-Repos et à Brouvelieures les légions Domalin et Bourras; les francs-tireurs de Colmar étaient envoyés à Remiremont.

Des travaux de défense commencent à s'élever au-dessus de Laval et d'Herpelmont, sous la direction de MM. Mabaret et Michaud, sous-inspecteurs, et de M. Car-

(1) 1er bataillon de la Haute-Savoie à Vauvillers. — 1er bataillon des Hautes-Alpes à Saint-Loup. — 1er bataillon des Alpes-Maritimes à Fougerolles. — 2e bataillon des Alpes-Maritimes à Saulx-les-Vesoul. — 1er bataillon de la Haute-Garonne à Mélisey. — 2e bataillon de la Haute-Garonne à Champagney. — 3e bataillon de la Haute-Garonne à Faymont-Lomont, Etobon. — 2e bataillon de la Haute-Saône à Amance, à Favernay et Port-d'Atelier. — 3e bataillon de la Haute-Saône à Luxeuil.

(2) J.-B. Dumas, oc. 62, 64. Commandant X. Euvrard, oc. 27.

rière, garde général des forêts; les ponts de la Vologne sont minés. « Le temps est devenu froid, la neige succède à la pluie; les pantalons de nos mobiles, d'une détestable étoffe, tombent en lambeaux. Ils ont perdu leurs sacs et leurs tentes dans les maisons incendiées de Nompatelize, leurs couvertures leur restent heureusement et leur servent tour à tour de manteaux et de lits. Toutefois ces bivouacs, surtout celui d'Herpelmont, commencent à être témoins de bien des souffrances » (1).

L'organisation des brigades était à peine achevée quand les têtes de colonnes ennemies se présentèrent sur le front des positions. On s'est battu à Brouvelieures et à Anould.

(1) *Journal de marche du 2e bataillon de la Meurthe*, 48.

IV

Ordre du 30 Septembre. — Composition et marche du XIVe corps. — Arrêt sur la rive droite de la Meurthe et réorganisation de la division badoise. — Reprise de la marche en avant. — Combats de Rambervilliers et de Brouvelieures, épisode de Laval. — Pénible situation et retraite de l'armée de Cambriels sur Besançon; énergie des troupes. — Combat d'Épinal, nouvel arrêt du XIVe corps, hésitations de son état-major. — Reprise du mouvement vers Vesoul-Besançon. — Réorganisation de l'armée de l'Est. — Combats de Cussey, d'Auxon-Dessus, Châtillon-le-Duc. — Échec du XIVe corps, retraite sur Gray.

Pendant ces événements, le général de Werder avait reçu le 4 Octobre l'ordre dicté le 30 Septembre à Versailles par le maréchal de Molke.

Formé des éléments laissés disponibles par la reddition de Strasbourg (1), le XIVe corps devait « se mettre « en marche dans la direction Troyes-Châtillon-sur-« Saône, désarmer les populations, rétablir et utiliser la « voie ferrée Blainville-Epinal, Faverney-Chaumont, et

(1) La division de landwehr de la garde avait été dirigée par chemin de fer sur Paris. La 1re division de réserve passait aux ordres du général gouverneur de l'Alsace. Un de ses détachements mixtes, établi à Benfeld et à Epfig, observait Schlestadt en attendant l'arrivée de la 1e division de réserve du général Schmeling, rassemblée le 20 Septembre entre Fribourg, Vieux-Brisach et Schliengen. Cette division devait assiéger Neuf-Brisach et Schlestadt, et couvrir les communications de concert avec la 1re division.

Pour ses opérations, de Werder disposait de la division badoise et d'une brigade normale d'infanterie prussienne : soit 23 bataillons (un est resté à Rastadt), 20 escadrons et 12 batteries. — Ouvrage du grand état-major, 2e part., t. 1, supplément LXXXI, 99 à 101.

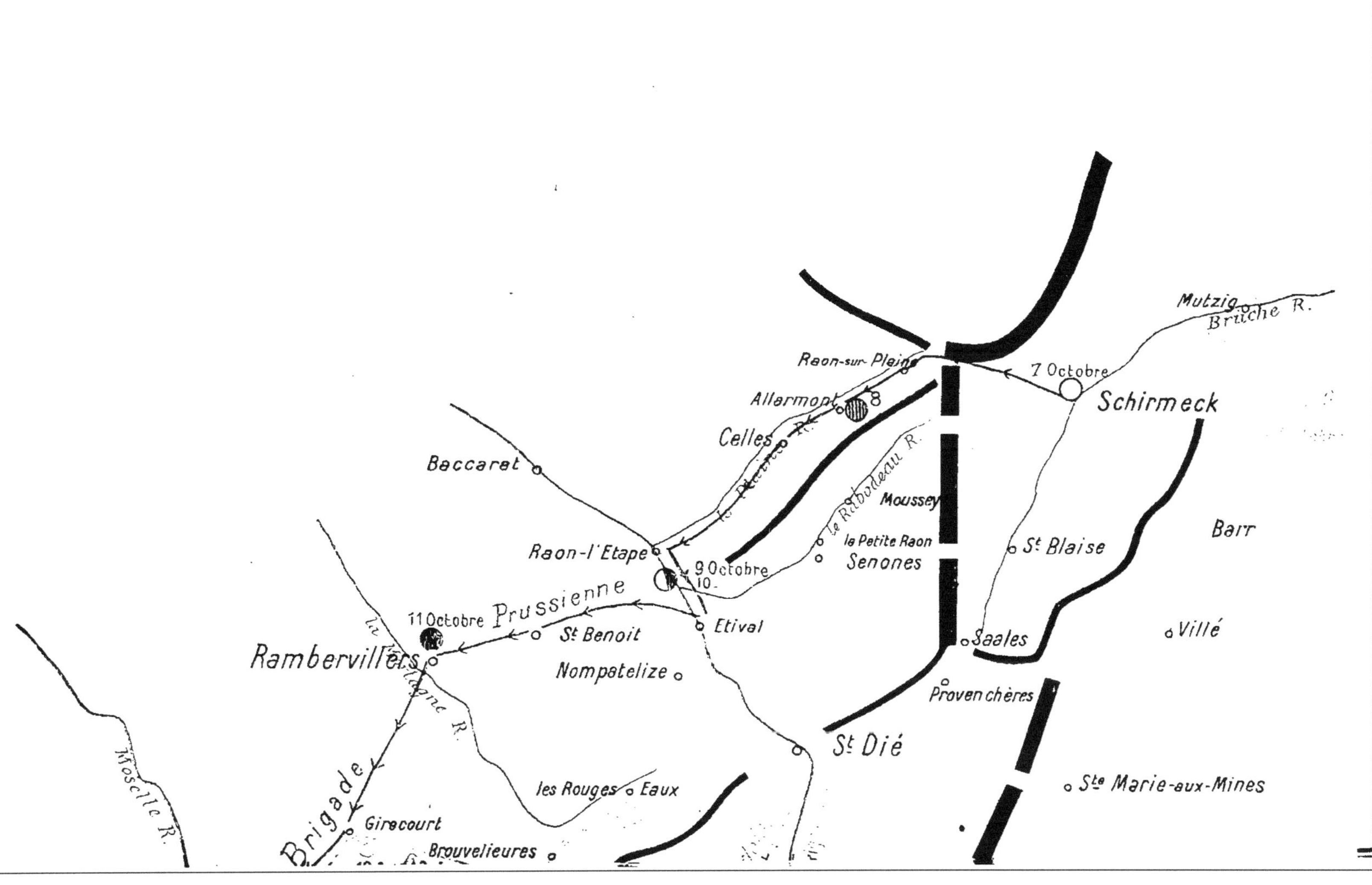
Mutzig
Bruche R.
7 Octobre
Schirmeck
Raon-sur-Plaine
Allarmont
8
Celles
Baccarat
le Rabodeau R.
Moussey
la Petite Raon
Senones
St Blaise
Barr
Raon-l'Etape
9 Octobre
10
Prussienne
Etival
11 Octobre
St Benoit
Saales
Villé
Rambervillers
Nompatelize
Provenchères
la Mortagne R.
St Dié
Moselle R.
Brigade
les Rouges Eaux
Ste Marie-aux-Mines
Girecourt
Brouvelieures

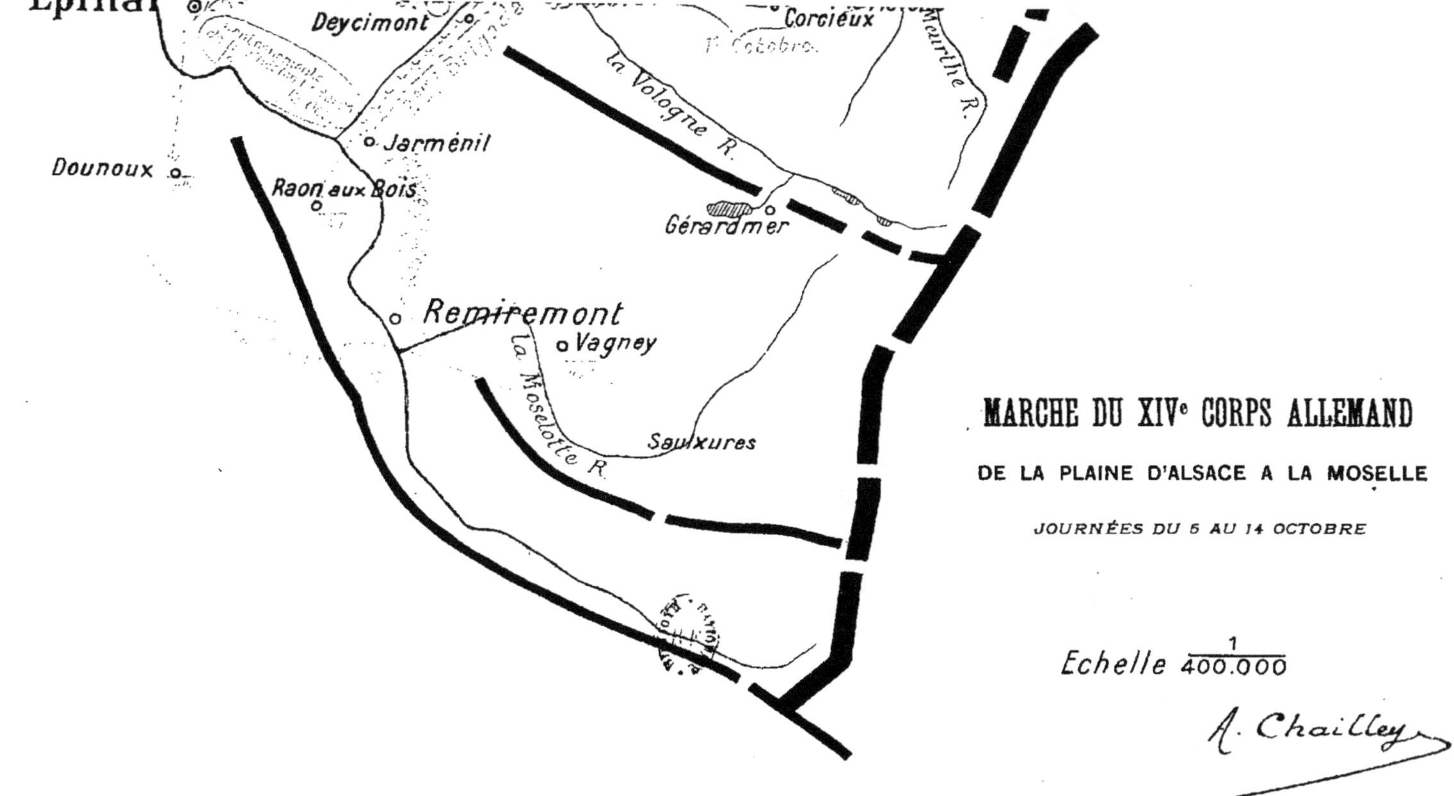

MARCHE DU XIVe CORPS ALLEMAND

DE LA PLAINE D'ALSACE A LA MOSELLE

JOURNÉES DU 5 AU 14 OCTOBRE

Echelle $\frac{1}{400.000}$

A. Chailley

« tenter au passage un coup de main sur Langres » (1), qui interceptait la section d'Épinal à Faverney.

Cet ordre vague, dit le capitaine de Cissey (2), dans lequel il n'est question ni de la situation générale, ni du rôle particulier du XIVe corps, laisse supposer que le grand état-major général ignorait encore le caractère et l'étendue de la résistance organisée dans l'Est. Appelé sur la Loire, de Werder allait déboucher dans les Vosges, au cœur d'un pays difficile, et poursuivre jusqu'en Franche-Comté un ennemi insaisissable, sans renseignements précis, uniquement guidé d'instructions inspirées par une appréciation erronée de la situation.

Disposé sur trois colonnes, le corps d'armée passait les Vosges les 5 et 6 Octobre, pour atteindre la rive droite de la Meurthe entre Raon-l'Etape et Saint-Dié. La colonne du sud, sous les ordres du général-major La Roche, par Barr, Villé, Provenchères; celle du centre, sous le colonel Sachs, par Mutzig, Schirmeck, le Hanz, Senones; celle du nord, brigade prussienne, commandée par le général Krug, par Schirmeck, le Donon et la vallée de Celles. Sous l'escorte d'un bataillon et d'un escadron (3), les convois filaient par Saverne, Sarrebourg et Blâmont sur Baccarat, où ils parviendront le 10.

Chaque colonne comprend les trois armes (4), disposition justifiée, selon l'ouvrage du grand état-major, « par la nécessité de ménager aux diverses fractions du corps d'armée une indépendance aussi grande que possible (5) » selon nous, pour assurer la traversée d'un pays que l'on supposait encore garni de partisans. Cette dispersion des forces, si nuisible au commandement,

(1) Avec les pièces de gros calibre ayant servi à bombarder Strasbourg.

(2) Étude critique des opérations du XIVe corps allemand dans les Vosges. *Journal des Sciences militaires*, Janvier 1896, 66.

(3) 1er bataillon du 6e régiment, IIIe escadron du IIIe régiment de dragons.

(4) Voir appendice IV.

(5) IIe partie, t. I, 308.

sera maintenue au delà de la Meurthe et de la Moselle jusqu'à l'Oignon. Nous en verrons les conséquences logiques jusqu'à la Meurthe; mais l'organisation des colonnes l'est beaucoup moins; le XIVe corps devra consacrer deux jours à se réorganiser entre Saint-Dié et Raon.

Le 7, la colonne du sud cantonnait à Provenchères et Lesseux, celle du centre à La Petite-Raon et à Senones; la brigade prussienne à Schirmeck, où le général de Werder apprenait par un grenadier du 1er régiment déguisé en franc-tireur la nouvelle du combat de Nompatelize [1]. Il était urgent de concentrer le corps d'armée pour appuyer l'avant-garde et parer à l'imprévu. Dans la soirée, la division badoise recevait l'ordre d'atteindre la Meurthe le lendemain; la colonne prussienne, doublant l'étape, devait parvenir le 8 au soir à Raon.

Le 8, les colonnes du centre et du sud se réunissaient entre Saint-Dié et Étival à l'avant-garde de Degenfeld qui n'a pas bougé [2]. La situation restant la même dans la journée, le quartier général s'arrêtait à Celles; la brigade prussienne à Allarmont.

Ce retard de la colonne du nord devait être gros de conséquences. Arrivé le 9 à Raon, de Werder rétablissait l'ordre normal dans la division badoise, où le désordre causé par le mélange des unités était complet. Les 1er, 4e et 6e régiments sont morcelés dans les colonnes; la 2e brigade dispose de deux bataillons de la 1re et d'un bataillon de la 3e, tandis que les unités de son 2e régiment sont accolées : le 3e bataillon au 5e régiment, les 1er et 2e au 2e régiment [3].

(1) Lieutenant-colonel Bruté de Rémur, o. c. 86.

(2) Depuis le 6, sa cavalerie battait inutilement les deux rives de la Meurthe, à la recherche des corps francs disparus le soir. 50 hussards du 2e régiment de réserve, venus de Badonviller, se portaient sur Rambervillers par Baccarat le 7.

(3) Capitaine Lohlein, *Die operationem des corps des generals Von Werder*, Berlin, 1874, 27. Voir appendices.

En résumé, le XIVe corps se concentre le 8, se réorganise le 9, s'éclaire le 10 et s'ébranle le 11. Pendant ce temps, le général Degenfeld, établi à Saint-Dié à l'hôtel de la Poste, « rédigeait son rapport sur les opérations « effectuées par sa brigade du 1er Octobre jusqu'au 9, « et le faisait paraître en supplément au N° 252 du jour- « nal de Carlsruhe, vendredi 14 Octobre 1870 » (1). La ville de Saint-Dié ouvrait un emprunt à 5 % pour acquitter une contribution de guerre de 10.000 francs, plus 477 fr. 35 (2) pour fournitures de viande, voitures et cigares, faites à la 2e brigade badoise. « C'est ainsi « que s'accomplissait le balayage des Vosges, suivant « la pittoresque et, malheureusement aussi, la trop « exacte expression du *Moniteur officiel du Gouverne-* « *ment de la Lorraine* du vendredi 28 Octobre 1870 » (3).

Après une première journée perdue à Allarmont par la brigade prussienne qui devait, sans effort, déboucher le 8 à Raon-l'Etape, de Werder, laissant sa cavalerie inactive, perdait encore trois jours sur la Meurthe, que les troupes de Cambriels mettaient à profit. Laveline, Barbey-Seroux, le Haut-de-la-Côte étaient occupés, ainsi que Gérardmer, par le 32e de marche, le 58e régiment des Vosges et les gardes mobiles du Doubs; Clefcy, Anould, Le Rudlin par ceux du Jura; des ouvrages s'élevaient au-dessus de Bruyères et d'Herpelmont ; seul le col du Plafond, emplacement favorable pour la réserve des corps avancés sur la Haute-Meurthe, n'était pas occupé.

En l'absence du général en chef, l'initiative avait manqué à la division badoise. Soutenu par la colonne Sachs,

(1) Ce rapport, très détaillé, comprend près de deux pages et demie sur quatre (7 colonnes 1/4 sur 12 du journal cité. La journée du 6, à elle seule, remplit plus de trois colonnes. — H. Bardy, oc. p. 67.

(2) Extrait du registre des délibérations du Conseil municipal de Saint-Dié, 1870.

(3) H. Bardy, oc. 65 à 72.

Degenfeld pouvait, dès le 8, marcher sur Bruyères, reprendre le contact, renseigner le commandement et bloquer dans Gérardmer les débris de la colonne Dupré.

Dans la matinée du 10, malgré l'appui d'un groupe de francs-tireurs établi sur la rive droite de la Meurthe à Belrepaire, les avant-postes du 58e de marche étaient rejetés d'Anould par deux compagnies du 5e régiment badois et un parti de dragons aux ordres du major Rœder.

Envoyé de Gérardmer pour soutenir ces avant-postes, le 2e bataillon du Doubs arrivait à Gerbépal après l'action et rentrait au cantonnement, quand les circonstances imposaient l'occupation du Plafond en attendant des ordres.

Inquiets, les postes du 1er bataillon poussés jusqu'à Plainfaing se rapprochaient du Valtin. Privés de vivres, les sacs ayant été laissés à Gérardmer où les francs-tireurs les avaient consciencieusement pillés, manquant surtout de discipline, les gardes mobiles du 1er bataillon se repliaient sur Gerbépal, où un officier d'état-major leur ordonnait de réoccuper Le Valtin. La plupart d'entre eux se dispersèrent aussitôt; les plus énergiques reprenaient les avant-postes et partageaient le service avec le 2e bataillon, non moins ébranlé (1). Le même jour, la légion Domalin évacuait le Haut-Jacques et Mont-Repos sans combat (2).

Rambervillers-Brouvelieures. Le 7, une reconnaissance de 50 hussards du 2e régiment, dirigée de Baccarat, sommait la Municipalité de Rambervillers de verser ses armes. Menacée par les habitants, reçue à coups de fusil

(1) La discipline laissait beaucoup à désirer au 55e de marche. Arrivé hardiment à Plainfaing par le mauvais temps, le 1er bataillon s'était logé à sa guise, sans grand'garde, sous prétexte que le cantonnement n'avait pas été préparé quand les avant-postes ennemis de la 3e brigade badoise occupaient Saint-Léonard. Lieutenant-colonel Bruté de Rémur, oc. 88.

(2) Ibid., 89.

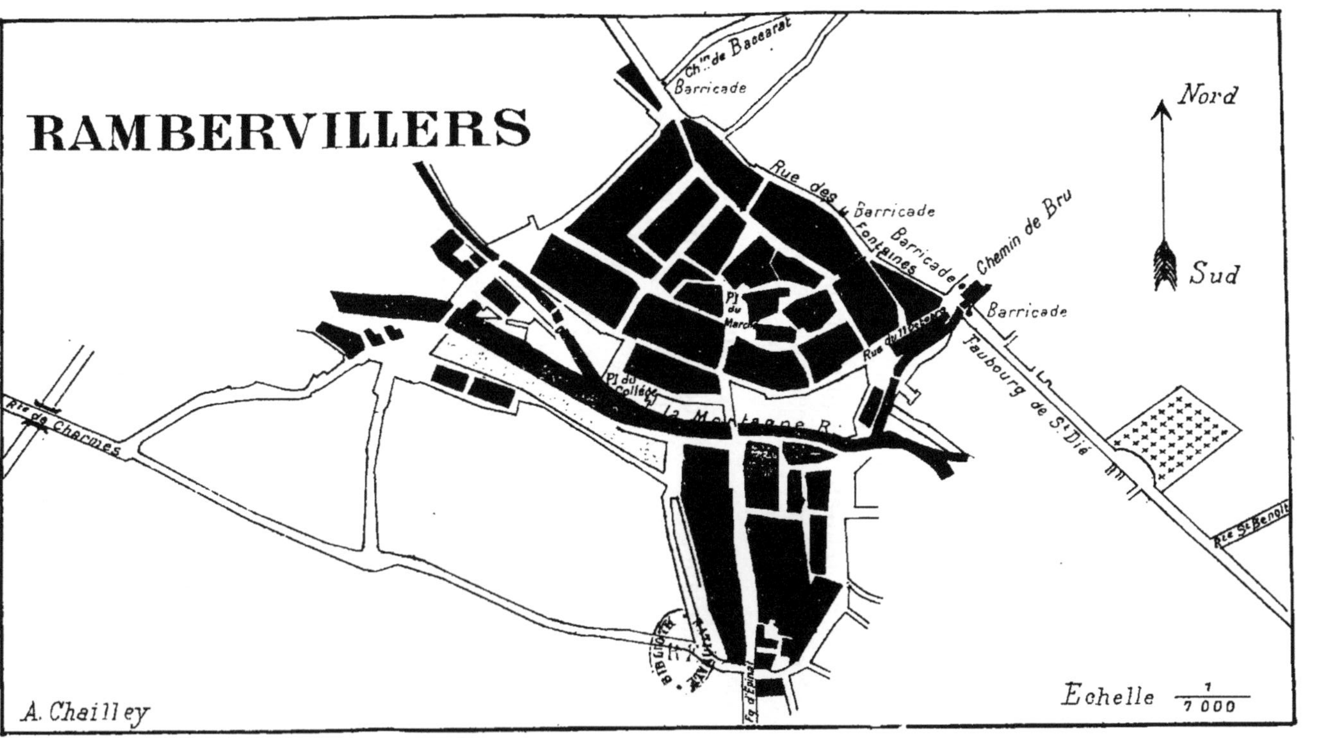

RAMBERVILLERS
Nord
Sud
Ch.in de Baccarat
Barricade
Rue des Fontaines
Barricade
Barricade
Chemin de Bru
Barricade
Faubourg de St Dié
Pl du Marché
Pl du Collège
La Mortagne R.
Rte de Charmes
Rte St Benoît
Fg d'Épinal
A. Chailley
Echelle 1/7 000

par les gardes nationaux du lieutenant Laurent, elle se retirait sans résultat.

La journée du 8 passa sans incident, mais le lendemain dimanche, jour de sainte Libaire, patronne de la cité, la brigade prussienne dirigeait de Raon-l'Etape sur Saint-Benoît le lieutenant-colonel de Nachtigall, avec un escadron du 2e hussards et deux bataillons du 4e rhénan (30e régiment). Une reconnaissance poussée sur Rambervillers était repoussée par le capitaine Dussourt et les gardes nationaux établis dans le cimetière retranché, situé à la bifurcation des routes de Raon-l'Etape, de Saint-Dié et de la vallée d'Autrey.

Prévoyant l'attaque, le commandant Petitjean [1] avait organisé défensivement les abords et l'intérieur de Rambervillers. Des barricades étaient construites au Pont-des-Laboureurs, à la Tuilerie ; toutes les ruelles conduisant au centre de la ville étaient obstruées de chariots. Le commandant disposait de 250 gardes nationaux, de la compagnie de sapeurs-pompiers et des habitants, forces insuffisantes pour garnir l'enceinte de la localité.

Vers trois heures, deux colonnes ennemies de six à sept cents hommes chacune, précédées par des cavaliers, étaient signalées par le guetteur du clocher sur les routes de Raon et de Saint-Dié. 80 hommes de la compagnie Dussourt s'établissaient dans le cimetière, vingt-cinq gardes à la barricade de la Tuilerie, 50 à 60 au Pont-des-Laboureurs, le reste au faubourg d'Epinal ; les pompiers à la barricade de la route de Baccarat ; quelques hommes se déployaient en tirailleurs en avant de la ville, à hauteur de la fabrique Arnoux.

Soutenue par le 2e bataillon et un peloton de hussards aux ordres du major de Berkfeld, la reconnaissance, couverte par un détachement dirigé vers la Forge-Bou-

(1) Engagé le 9 Mars 1832, chef de bataillon le 15 Novembre 1856. Retraité à Rambervillers.

rion pour inquiéter la gauche de la défense, attaquait le cimetière. Vers 4 h. ½ elle atteignait la Croix de Mission; les fractions de gauche débordent la position. Les gardes nationaux qui l'occupent se retirent en combattant derrière les tombes, escaladent les murs et descendent au Pont-des-Laboureurs. Deux hommes sont tués dans l'intérieur du cimetière, huit en l'évacuant [1]. Les Allemands, qui n'avaient cessé d'employer le feu de salve, nous avaient fait peu de mal; notre tir, mieux ajusté, leur infligeait des pertes sensibles; en peu de temps, ils jonchèrent de leurs morts les champs avoisinants. Dans le combat de rues, on les verra tirer trop haut, l'arme à la hanche; toutes les empreintes de balles se distinguent encore nettement aux étages supérieurs des habitations du faubourg de Saint-Dié, même dans les toitures on trouve des traces du combat.

Utilisant le terrain, murs, ruelles, jardins, houblonnières, l'ennemi pénétrait dans Rambervillers; à 60 mètres de la barricade de la Tuilerie, un peloton massé de 150 hommes environ ouvre des feux de salve et entame une série de bonds raccourcis qui les amènent jusqu'à trente mètres de l'obstacle; devant l'assaut, les défenseurs, tournés par la colonne de gauche arrivée au hallier Frachet et au préau Mercey, se replient sur le Pont-des-Laboureurs où la défense se maintient énergiquement. Ce fut dans cette attaque du hallier et du préau, que le major Berkfeld fut mortellement blessé [2].

Vers cinq heures, la situation des gardes était intenable, entraînée par un officier blessé, la colonne des-

(1) Tués à l'intérieur : Noël (Adolphe) et Demange. — A l'extérieur : Thirion, mortellement blessé, achevé par les Prussiens, près de la maison Oger. Guillaume, Gérard, Barthélemy, Lallemand, Rebouché, Drouel et Renard. — Maurice Velix, Rambervillers en 1870, in-8°, 1896. 13 et 14.

(2) Les défenseurs du hallier et du préau étaient entr'autres : Charles Caspar, Vinot, Sagard, Thomas, Sauton, Colta, Frachet. Ibid., 14, 15.

cendue du cimetière s'emparait du Pont-des-Laboureurs; le capitaine Besson, les gardes Dubas, Herrainville et Renard étaient blessés. A ce moment, l'attaque débouchant de la Tuilerie occupe la place des Vosges, le capitaine Dussourt évacuait la barricade et se repliait sur l'angle de la rue des Marchands, puis derrière le parapet du Pont Notre-Dame, afin d'interdire à l'ennemi le débouché de la Rue-sur-Broué.

A 6 h. ½, l'ennemi très maltraité débouchait sur la place de l'Hôtel de Ville ; le combat, sauf quelques coups de fusils tirés dans la rue du Cor, avait cessé; le capitaine gagnait par le Pré-Dieu les bois de Romont, le commandant Petitjean s'arrêtait dans les houblonnières de l'Avault, où il ralliait pendant la nuit les hommes encore décidés à la lutte et les dirigeait, sans être inquiété, par les Croix-Ferry et Valency sur Epinal. Inactive, la cavalerie prussienne les laissait aller.

Les gardes nationaux laissaient trente hommes sur le terrain, les Allemands 150 hommes et huit officiers dont le major de Berkfeld, le même qui avait planté le drapeau allemand sur la cathédrale de Strasbourg, et deux cents blessés (1). « Furieux, les vainqueurs usaient de représailles; tous les citoyens soupçonnés d'avoir pris part au combat étaient massacrés, les blessés arrachés de leurs lits, traînés sanglants jusqu'à la barricade la plus proche et impitoyablement fusillés » (2). Vingt-six habitants furent ainsi passés par les armes (3); un sous-officier eut l'audace de faire fusiller un vieillard, le nommé Collot, qui avait interdit à des convoyeurs ba-

(1) Ouvrage du grand état-major. 2e part., t. I, supplément LXXXIII, 204. 150 hommes et 8 officiers selon M. Retournard. (Le combat de Rambervillers), 180 tués, 200 blessés d'après M. Alban FOURNIER et le lieutenant-colonel BRUTÉ DE RÉMUR, o. c. 91.

(2) Lieutenant-colonel BRUTÉ DE RÉMUR, Ibid.

(3) J.-B. Dumas, oc. 66. 30 habitants selon M. F. BOUVIER, *Défense de Rambervillers en 1870*, in-16, 1895, 26.

dois de fumer dans sa grange. Une enquête fut ouverte sur cette affaire par les Allemands, et le sous-officier fut schlagué d'abord (1), en attendant sa punition. Furieux de la résistance et de la mort du major de Berkfeld, le général de Werder fit saisir les notables et les conseillers municipaux présents; onze d'entre eux, tous pères de famille, furent envoyés prisonniers à Mayence (2); la ville était frappée d'une contribution de guerre de 200.000 francs, payables en vingt-quatre heures.

A Rambervillers, le général de Werder prit logement chez M. Velin. A son départ, il remercia de l'hospitalité donnée en termes très courtois, puis, arrivant au combat de la veille : « Je le sais, dit-il, ce sont les habitants qui « ont tiré. Vous m'avez abîmé 400 hommes et douze offi- « ciers, ajoutait-il, en s'animant par degrés ! Vous m'avez « tué mon meilleur ami, le major de Berkfeld; il m'avait « préparé toutes mes cartes des Vosges; c'est lui qui a « planté le drapeau allemand sur la cathédrale de Stras- « bourg. Ah ! s'écria-t-il les dents serrées, les poings « tendus, si j'avais eu mes canons, il ne resterait pas une « pierre de votre ville ! On m'a tiré des officiers comme « des loups, avec des plombs. Où est-il ce *Tissourt* qui « vous commandait? Ce n'est pas de la guerre, c'est de « l'assassinat ! » (3). Puis regrettant cette sortie, voulant être aimable, il promettait à ses hôtes la liberté des onze derniers prisonniers, contre lesquels il n'existait aucune charge sérieuse; il se déclarait aussi satisfait des 89.000 francs versés sur les 200.000 francs que la Municipalité

(1) Ce vieillard âgé de 70 ans, habitait le faubourg d'Epinal, il fut fusillé à genoux, sur le pont de la route de Charmes, sa femme à genoux près de lui. L'abbé Grégoire avait obtenu sa grâce signée du prince de Bade, mais il arriva trop tard pour empêcher l'exécution. M. Velin, oc. 29. Commandant Grenest, o. c. 106.

(2) Voir les noms des otages prisonniers à l'appendice.

(3) Maurice Velin, *Défense d'une ville ouverte. Rambervillers en 1870*. in-8°, 1896, 25.

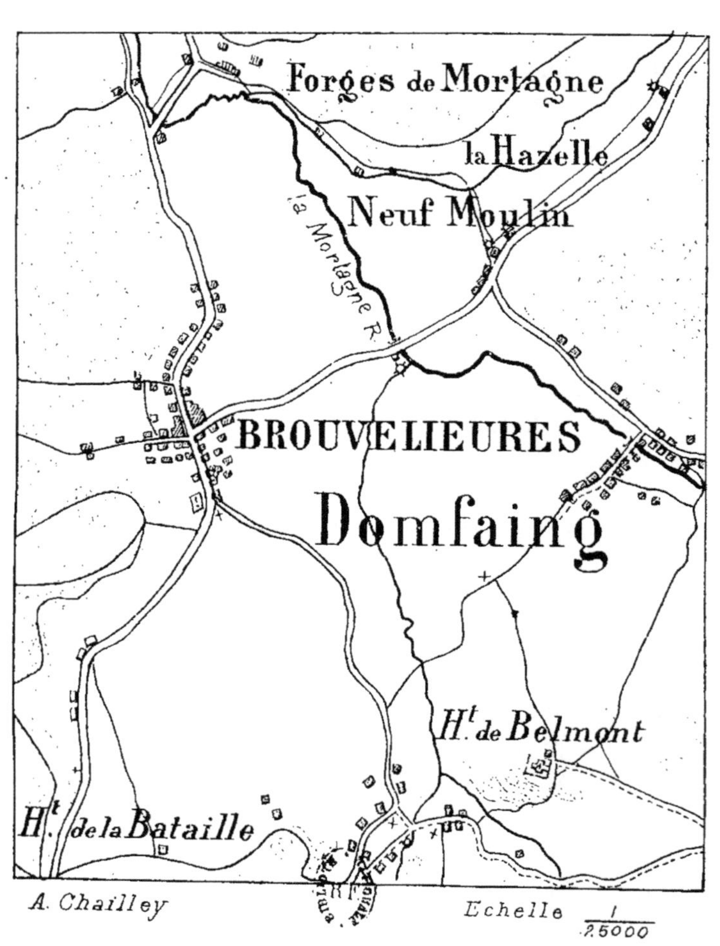
Forges de Mortagne
la Hazelle
Neuf Moulin
la Mortagne R.
BROUVELIEURES
Domfaing
H.t de Belmont
H.t de la Bataille
A. Chailley
Echelle 1/25000

paya intégralement avant le départ du maréchal de Rambervillers.

Le 10, la cavalerie battait la campagne à la recherche des armes et des corps francs ; la veille 200 francs-tireurs envoyés d'Epinal au secours des gardes nationaux avaient refusé de dépasser Girecourt : peut-être rôdaient-ils dans le pays. Saint-Benoît était occupé par une batterie et par un escadron ; deux bataillons, deux escadrons et une batterie cantonnaient à Rambervillers. « Dans la soirée du « 11, M. l'abbé Pierrot ensevelissait les morts. Il le fit « sous les bravades des Prussiens, qui le poursuivaient « de leurs railleries jusqu'au moment des dernières « prières » (1).

Réorganisé (2), pourvu de ses convois arrivés la veille à Baccarat, le XIVe corps reprenait le 11, sur un large front, la marche en avant. A l'aile gauche de la division badoise, la 2e brigade se portait sur Corcieux par le col du Plafond, la 3e sur la Houssière par Taintrux-Vanémont ; la 1re s'engageait vers 9 heures du matin dans le défilé des Rouges-Eaux, par le Haut-Jacques et Mont-Repos. Le passage était libre ; la veille au soir, les deux compagnies de la légion Bourras, qui occupaient ce col et le Haut-de-Sauceray, dont le départ de la légion bretonne découvrait la gauche, avaient reçu l'ordre de se replier au plus vite sur Brouvelieures (3). C'était, d'une seule traite, céder beaucoup de terrain sans combat ;

(1) Maurice Vétix, o. c.

(2) Reconstituée le 10, la division badoise occupait : 1re brigade, colonel Bayer, 3e régiment de dragons, deux batteries, Etival et environs. — 2e brigade, général Degenfeld, 1er régiment de dragons, deux batteries, entre Etival et Saint-Dié. — 3e brigade, général de la Roche, 2e régiment de dragons et cinq batteries d'artillerie divisonnaire et batterie à cheval, Saint-Dié et ses abords. — 1e brigade prussienne, colonel Walher, Saon-l'Etape, Saint-Benoît et Rambervillers.

(3) L'ordre fut reçu à 8 heures du soir et les deux compagnies arrivèrent à Brouvelieures à 11 heures. Lieutenant-colonel Bruté de Rémur, oc. 97, note 1.

Bourras s'en aperçut pendant la nuit, et, dès six heures du matin, la 10e compagnie du capitaine Gérard [1], de Bruyères, allait occuper Domfaing, le hameau de Machifol, avec mission de disputer à l'ennemi le débouché de la vallée des Rouges-Eaux. La brigade prussienne et le général de Werder marchaient par le col de la Chipotte sur Rambervillers.

Vers neuf heures, cette compagnie, soutenue par la 2e compagnie du capitaine Wolowski, établie sur la pente nord de la forêt de Bois-le-Champ, arrêtait, au-dessus de la Hazelle, la compagnie de tête du 2e bataillon de fusiliers placée à l'avant-garde. Déboitant à gauche de la route, les trois autres compagnies escaladaient sous le feu les pentes très raides du bois de Frézimont, et forçaient, après trois heures de combat, les 2e et 10e compagnies à se rassembler au-dessus de Domfaing, sous la protection de trois autres compagnies de la légion, échelonnées du col de Domfaing à Bruyères, sur les pentes du Petit-Avison; elles effectuaient ensemble leur retraite par Belmont, le cimetière de Bruyères et Champ-le-Duc, pour passer la Vologne à 4 heures du soir, et rejoindre à Fiménil la gauche du général Cambriels.

A ce moment, la 3e compagnie (Hofbourg) occupait le versant sud du bois de Contimpierre; la 4e, face au nord et au sud de Neuf-Moulin; la 11e, sur les hauteurs en arrière de Brouvelieures, surveillant la route de Rambervillers; la 16e, entre Brouvelieures et Vervezelle. D'autre part, le 2e bataillon de fusiliers atteignait

(1) Formée à Bruyères le 22 Septembre avec les volontaires des cantons de Bruyères, d'Épinal et de Lunéville, elle était commandée par M. Gérard, ex-sergent de tirailleurs algériens, surnommé FRACASSE, et faisait partie de légion du colonel Bourras.

Son effectif comptait : le capitaine Gérard; un lieutenant, M. Ferry, de Lunéville; un sous-lieutenant, M. Rémoville, de Bruyères; 1 sergent-major, 4 sergents, 1 fourrier, 8 caporaux et 86 hommes. — Ibid. note 1, 169, 170.

Belmont. Soutenu par la 3e batterie légère établie au-dessus de Moulin-Neuf, couvert sur la rive droite de la Mortagne par les autres compagnies du 1er bataillon marchant sur le débouché nord de Brouvelieures, le 2e bataillon, puis la brigade, attaquaient cette localité faiblement occupée par les 11e et 10e compagnies de la légion. Aussitôt le colonel de Bayer occupait Brouvelieures et se portait, vers 3 h. ½, de Domfaing, centre qu'il occupait une heure après.

La molle résistance sur les pentes des hauteurs du Château et du Haut-de-Héiédraye, la retraite des légionnaires repliés de Domfaing sur Bruyères, puis par les bois sur la Vologne, avaient facilité le succès de la colonne Bayer. A 4 h. ½, les Badois, cinq à six mille hommes et deux batteries entraient à Bruyères; les légions Bourras et Domalin passaient la Vologne à Frey, à Laval et à Beauménil, et gagnaient Champ-le-Duc où ils se reliaient à l'aile gauche de l'armée de Cambriels. Nous avions une cinquantaine d'hommes tués ou blessés; la 10e compagnie, la plus éprouvée, avait perdu 13 soldats tués, un blessé et deux disparus. Les pertes de l'ennemi, d'après la relation allemande, s'élevaient à quatre hommes tués, 35 blessés, dont quatre officiers (1).

Dès l'occupation de Bruyères, une reconnaissance de trente cavaliers badois, aux ordres d'un officier, poussait sur le village de Laval. La plupart pénétraient chez le Maire, M. Constant Mathieu, au foyer duquel ils trouvaient deux militaires français, un franc-tireur et un garde mobile, en train de se chauffer et de manger. Ces deux soldats furent lardés de coups de sabre; un seul fut tué, le franc-tireur Laurent, l'autre s'enfuit. La présence de ces deux traînards furent le prétexte aux re-

(1) Ouvrage du grand état-major, 2e part., t. I, 311 et supplément LXXXIII, 105. Pour les pertes de la 10e compagnie, voir Appendice.

présailles, au meurtre et à l'incendie. Les Badois mettaient le feu à la maison du maire et fusillaient son fils Paul devant sa femme et ses enfants, pour avoir piétiné une botte de paille enflammée; un habitant, M. Jean-Baptiste Ferry, était fusillé sans motif, ainsi que le sieur Joseph Georges qui, contraint par la force, les avait guidés dans leur marche en leur communiquant les renseignements nécessaires à leur mission (1).

Ainsi, quatre personnes tuées, dont un soldat et trois habitants, et une maison brûlée, voilà « la lutte acharnée contre les francs-tireurs » qui défendaient Laval; voilà la retraite provoquée par des renforts français; cette prétendue lutte n'est qu'un effort d'imagination propre à l'ouvrage du grand état-major allemand (2).

Le même jour, le 4e bataillon de Saône-et-Loire et la 1re compagnie du bataillon des Vosges, chargés de couvrir le flanc droit du col de Lubine au col du Bonhomme, arrivaient à Granges. Débordés par la 2e brigade badoise, ces éléments parvenaient au bivouac par le Valtin, pour suivre la retraite de l'armée de Cambriels prescrite pour le lendemain.

Le 11, la division badoise occupait à Bruyères, à la Houssière et au col du Plafond, les trois entrées principales de la Vologne. L'armée des Vosges, dont le dispositif était modifié, couvrait : avec la 1re brigade le front Gerbépal, Granges, Herpelmont, Gadémont; la 2e, en réserve, cantonnait à Laneuveville et environs; le quartier général, Laveline-du-Houx. Malgré les efforts du commandement, les journées passées sur les positions de la rive gauche de la Vologne n'avaient pas amélioré la situation de nos soldats. Peu de vivres étaient parvenus, il pleuvait à verse ou neigeait depuis quatre jours; privés de couvertures et de tentes-abris, les gar-

(1) Commandant GRENEST, occ. 112.
(2) 2e part., t. I, 310.

des mobiles faisaient pitié, grelottants sous leurs blouses de toile et leurs pantalons en lambeaux. Leur abattement était extrême, le nombre des malades allait chaque jour en augmentant, les pires calamités menaçaient de destruction ces malheureux soldats.

Dans une visite faite l'après-midi aux avant-postes, le général Cambriels avait constaté leur dénûment, leur misère et la déchéance de leur état moral; il n'y avait plus rien à demander pour l'instant à ces troupes improvisées qui avaient tant souffert. Les chefs les plus énergiques, le commandant Perrin, ne répondaient plus de leurs soldats. Le 11, à huit heures du soir, il écrivait au général Cambriels : « Je m'attends à être attaqué « demain matin; toutes mes cartouches sont mouillées, « mes mobiles ne tiendront pas » (1).

Dans la soirée, le général était informé de l'occupation de Bruyères et de la présence de l'ennemi aux environs. Devant l'impossibilité de concentrer à temps le gros de ses troupes sur le point menacé, redoutant une attaque de front de la division badoise — que de Werder va concentrer le lendemain entre Girecourt et Deycimont — pendant que la brigade prussienne dirigée sur Épinal menacera ses communications vers les Faucilles; inquiet des tentatives que la 4e division de réserve peut diriger d'Alsace contre les cols d'Oderen et de Bussang, voulant surtout éviter de laisser bloquer dans les Vosges le noyau de troupes qu'il vient de constituer — sur l'avis d'un conseil de guerre — le général Cambriels ordonnait la retraite pour le lendemain.

Le conseil était composé : général Cambriels, président; général Thorton; colonel Perrin; capitaines : Varaigne, Delahaye et Berger; sous-intendant Legros, membres. « Il fallait recommencer l'attaque de la Bourgonce

(1) J.-B. Dumas, oc. 68. Les sentiments du lieutenant-colonel Rouget de Gourcez étaient les mêmes.

ou se replier » (1). La retraite sur Belfort, pouvant renouveler l'aventure de Forbach, fut, ainsi que l'attaque ou la résistance, écartée dès le début de la discussion; la direction de Besançon était acceptée à l'unanimité.

Le mouvement décidé, il importait de dérober au moins une marche à l'ennemi. Dans la nuit, l'aile gauche (2e brigade) quittait ses bivouacs dont les feux restaient allumés pour ne pas éveiller l'attention des avant-postes; l'aile droite restant en position. Le 13, les deux brigades devaient se réunir à Lure, Mélisey et Faucogney.

Précédée par l'artillerie et les gardes nationaux d'Épinal, dirigés sur les deux routes de Laveline-du-Houx et de Liézey; couverte dans la vallée de la Vologne par le 2e bataillon de la Meurthe, envoyé au Boulay, la 2e brigade se repliait, par le Tholy et Saint-Amé, sur Remiremont, où elle était renforcée le lendemain par le 1er bataillon du 3e zouaves de marche, et par un escadron du 7e chasseurs à cheval, venus de Belfort.

La marche avait été des plus pénibles, surtout pour le général Cambriels dont la blessure, à peine cicatrisée, s'était brusquement rouverte. « La neige accumulée sur « son képi et coulant en eau glacée sur sa tête, lui causait des douleurs si vives, qu'au Tholy il fut obligé « de s'arrêter pour pouvoir se plaindre sans témoins » (2). Contre les hommes épuisés, les officiers avaient dû employer la force pour les faire agir (3); la lassitude était telle que les gardes mobiles, enroulés dans leurs limousines, s'endormaient sur les chemins détrempés.

La 2e brigade parvenait à l'étape entre sept et huit heures du matin; les gardes nationaux d'Épinal et les francs-tireurs de Colmar s'établissaient aux avant-postes

(1) J.-B. Dumas, oc. 69.
(2) Lieutenant-colonel Bruté de Rémur, oc. 105.
(3) Journal de Marche du 2e bataillon de la Meurthe, 49.

à Saint-Nabord; l'artillerie (1), soutenue par le 2e bataillon de la Meurthe, allait occuper le débouché de la Moselle, au-dessus de Pouxeux. Dans la journée, un ordre du Préfet des Vosges rappelait, par chemin de fer, les gardes nationaux pour couvrir Épinal, contre la brigade prussienne signalée à Girecourt.

Inquiet sur la résistance de la ville et pour ses communications vers Lure et Faucogney, Cambriels demandait un nouvel effort à ses soldats. A trois heures, toujours couverte par le 2e bataillon de la Meurthe, la brigade se remettait en marche pour Rupt-sur-Moselle, où les hommes épuisés par une marche de 60 kilomètres, s'entassèrent dans les granges, à peine protégés par le 2e bataillon établi au hameau de la Roche. Le mouvement avait été si précipité que les francs-tireurs de Colmar et la compagnie Désanglois du 3e zouaves de marche, furent oubliés sur leurs positions. Le lendemain, vers deux heures de l'après-midi, inquiétés par la cavalerie badoise, ces braves gens se retiraient sur Plombières par Moulin et Rouveroye; en repartaient aussitôt pour Aillevillers, où on les entassait transis de froid dans des wagons à bestiaux pour Lure, qu'ils atteignaient à minuit.

Le 13, à quatre heures du matin, la 2e brigade passait les Faucilles au col du Mont-de-la-Fourche et marchait, presque sans arrêt, sous une pluie fine et pénétrante, suivie d'un gros orage qui démoralisa les troupes. Sans l'exemple des officiers, elles se seraient débandées. A dix heures du soir, la brigade cantonnait à Vouhenans, à cinq kilomètres de Lure, après avoir parcouru, en 45 heures, 85 kilomètres dans un pays difficile, sur des chemins défoncés.

La 1re brigade, qui avait commencé son mouvement le

(1) Six pièces de la batterie du capitaine Lebourg, aux ordres du lieutenant Alcan.

12 (1) au matin, arrivait entre trois et cinq heures du soir à la Bresse. Elle se reposait, couverte, aux cols du Bonhomme, de la Schlucht, d'Oderen et de Bussang; plus au sud à Thann et Giromagny, par dix compagnies de francs-tireurs, des gardes mobiles, quelques gardes nationaux, et le 2e bataillon de Saône-et-Loire à Giromagny; enfin, au col de la Grosse-Pierre, par une compagnie du 55e de marche, quand l'alarme, sonnée vers trois heures du matin à l'annonce de l'occupation d'Épinal par la brigade prussienne, mettait tout le monde sur pied. La crainte d'être prévenu sur la Haute-Moselle, décidait de la reprise immédiate de la marche. La brigade atteignait le col de Château-Lambert par Cornimont, le Ménil et le Thillot, et gagnait Servance, où de nouveaux ordres la dirigeaient le soir même sur Ternuay-Mélisey.

Épuisés de fatigues, manquant de vivres, ces soldats improvisés, mal vêtus, avaient supporté les misères de la retraite jusqu'aux limites des forces humaines, dans une marche de 70 kilomètres. En proie aux souffrances morales et physiques, Cambriels avait réglé leurs mouvements, évité leur désastre. Un pareil effort rachetait les faiblesses individuelles des jours précédents.

Rassurée sur la poursuite de la cavalerie allemande, l'armée comptait reprendre haleine, se réorganiser dans les derniers gîtes d'étapes, et reprendre, à une allure normale, la direction de Besançon. A Mélisey, quelques

(1) Le 12 Octobre, la situation d'occupation des cols frontière était encore la suivante pendant la retraite de l'armée des Vosges :

Col du Bonhomme, une compagnie de francs-tireurs et des gardes nationaux. — Col de la Schlucht, deux compagnies de francs-tireurs. — Col de Bramont, deux compagnies de francs-tireurs. — Col d'Oderen, deux compagnies de francs-tireurs. — Col de Bussang, deux compagnies de francs-tireurs et une de gardes mobiles des Vosges.

A Giromagny, le 2e bataillon de Saône-et-Loire, moins une compagnie détachée à Thann; à Dannemarie, deux compagnies de gardes mobiles du Rhône, gardaient le viaduc de Dannemarie. — J.-B. Dumas, oc 71. Note.

officiers conseillaient l'offensive contre les colonnes attendues par la route de Luxeuil. C'était la négation de la retraite de Champdray; l'action eût conduit à un désastre, découvert Besançon, Lyon et le centre du pays.

Avec son expérience et sa sûreté de jugement, le général Cambriels repoussait ces avis. Malgré la fatigue des troupes, il ordonnait aussitôt de reprendre la direction de Besançon.

Les renseignements la lui imposaient. Le 13 au soir, un télégramme exagéré du Comité de défense de la Haute-Saône informait : « que de grand matin, 20.000 Allemands avec 40 canons, étaient partis d'Épinal, se dirigeant vers Lure? Ce renseignement était inexact; le 13, les troupes ennemies occupaient Épinal; le 15, la 3e brigade, marchant sur Luxeuil, l'avait trouvé inoccupé; la 1re se portait sur Xertigny, précédant de vingt-quatre heures le gros du XIVe corps dirigé d'Épinal sur Vesoul; les 3e et 2e brigades filant par Remiremont et Luxeuil; les autres éléments par Xertigny, Saint-Loup et Conflans (1).

Couverte à Lure par la légion Bourras, dont trois compagnies observent à Mélisey et à Citers les routes du Thillot et de Luxeuil; débarrassée de ses impédimenta, des malades, des éclopés, des gardes mobiles échelonnés sur la ligne d'étapes, embarqués le 14 à Ronchamp; formée sur trois colonnes, l'armée des Vosges arrivait du 15 au 17 sous Besançon, les deux premières colonnes par Lure, Montbozon, Rougemont et Marchaux; la troisième par Athésans, Baume-les-Dames et Roulans.

En ordonnant la retraite à propos sans écouter l'opinion de gens plus patriotes que perspicaces, le général sauvait l'armée des Vosges d'un désastre certain. Ses troupes apportaient aux formations nouvelles, réunies

(1) Ouvrage du grand état-major prussien, 2e part., t. I, 313, 314.

sous le camp retranché de Besançon, leurs meilleurs éléments. Le temps perdu par le XIVe corps sur la Meurthe et à Épinal, l'initiative de Cambriels, l'énergie de nos soldats, avaient assuré cet heureux résultat. Le 20 Octobre, quand la légion Bourras arrivait à Besançon, ces troupes, qui avaient tant souffert, se préparaient à défendre les abords de la place, sur les deux rives de l'Oignon, les ponts de Buthiers, d'Étuz et de Cussey.

Le 12 Octobre au matin, les patrouilles de cavalerie, envoyées sur Faucompierre et Champdray, informaient l'état-major du XIVe corps que les Français avaient évacué les hauteurs sud de Bruyères et commencé leur retraite sur Gérardmer et Remiremont. Annulant les ordres donnés la veille à la division badoise, de Werder, se conformant à l'ordre du 30 Septembre, reprenait la marche en avant. Les troupes prussiennes se portaient de Rambervillers par Girecourt sur Épinal, et, dans l'après-midi, la division badoise appuyait sur sa droite, de manière à amener la 1re brigade de Bruyères sur Girecourt, les 2e et 3e (cette dernière venant de la Haute-Meurthe) sur Bruyères et Deycimont.

Vers 11 heures du matin, l'avant-garde de la colonne prussienne, 1er bataillon du 30e régiment, s'engageait à la sortie de Deyvillers avec quelques détachements de gardes nationaux accourus d'Épinal. 80 gardes avaient été poussés sur Dogneville (1); mais la direction de Deyvillers, la plus exposée, était trop négligée.

A dix heures, une fausse alerte, signalant l'ennemi à l'extrémité du faubourg Saint-Michel, conduisait une vingtaine d'hommes et le sous-lieutenant Énard vers le faubourg, puis sur les hauteurs de la Justice et de Derrière-le-Château. Aucune troupe n'est en vue vers Fal-

(1) Lieutenant-colonel BRUTÉ DE RÉMUR, *oc.* 109. Le maire de ce village avait fait déposer les armes à ses gardes nationaux : on le força de les leur rendre. — Ibid. 108, note 2.

loux, l'ennemi est encore sur les hauteurs de Jeuxey, abrité dans un pli de terrain qui le masque; ses éclaireurs seuls sont venus tout à l'heure jusqu'ici.

Les deux petits groupes se portent en avant, l'un sur Baudenotte, l'autre sur le Grand-Falloux, d'où l'on aperçoit les Prussiens couchés le long du chemin qui descend de la grande route à Jeuxey. Le feu s'engage de part et d'autre; se voyant débordé vers la droite, le sous-lieutenant Érard ordonnait la retraite sur le bois de la Voivre, au moment où une balle lui traversait la région périnéale; deux hommes l'entraînent hors du lieu de combat.

Bientôt les renforts accourent par les chemins de Grand-Falloux et de Saut-le-Cerf, aux ordres des lieutenants Étienne et Hottelin, et occupent la ferme du Grand-Falloux; la compagnie du capitaine Kromberg et les pompiers du lieutenant Maulbon garnissent le bois de la Voivre; d'autres renforts entrent successivement au combat. Aussitôt, deux batteries, en batterie près de la ferme Adelphe, canonnent à la fois le bois de la Voivre, le cimetière et le château; un escadron se rabattant derrière le bois menace de cerner les défenseurs; pris de panique, ils s'enfuyent en désordre vers la Moselle qu'ils traversent à la hauteur de Saut-le-Cerf, partie en barque, partie à la nage (1).

Moins menacés, ceux du Grand-Falloux et de Razimont ripostaient vigoureusement au feu du 1er bataillon du 30e régiment, déployé à la lisière du bois le long de la tranchée de Docelles; 70 gardes nationaux postés dans la ferme et à la croisée du chemin de Jeuxey, à moins de 200 mètres du 1er bataillon, luttent énergiquement, quand un mouvement convergent de l'adversaire les oblige enfin à abandonner la position. Seul avec

(1) Lieutenant-colonel Bruté de Rémur, d'après la brochure de M. Jean Roy, oc. 108, 109.

neuf hommes, le caporal Michel s'obstine, derrière les murs crénelés de l'enclos, à résister aux ennemis qui, trompés sur leur nombre, n'osent se lancer à l'assaut. Bientôt toute retraite leur fut fermée, le caporal était tué, les neuf gardes prisonniers. Le corps du caporal fut retrouvé le lendemain au soir affreusement mutilé (1).

A quatre heures, de Werder occupait la ville. « Le matériel du chemin de fer représentant une valeur de plus de quatre millions, tout l'argent de la recette générale, et les blessés de l'hôpital militaire ; quatre cents hommes blessés au combat de Nompatelize, étaient évacués sur Gray » (2). Ces évacuations avaient été protégées par le capitaine Bonnin, établi derrière les murs du cimetière avec quelques gardes nationaux.

Les pertes étaient insignifiantes : après quatre heures de combat, la garde nationale comptait six hommes tués, huit blessés et douze prisonniers; les Allemands n'accusent que quatre hommes hors de combat, chiffre inférieur à la réalité. Plus heureux que leurs concitoyens de Rambervillers, les Spinaliens n'eurent à payer qu'une contribution de 100.000 francs, convertie plus tard, sur les instances du maire, M. Kiener, en avance sur les contributions. « Le surlendemain 14, M. Ritter, conseiller intime et supérieur de S. M. le roi de Prusse, prenait possession de la Préfecture; les autorités municipales et les employés de la Préfecture demeuraient en fonctions » (3).

Cependant le XIVe se concentrait entre Épinal et Docelles, le général de Beyer reprenait le commandement de la division badoise ; le prince Guillaume de Bade relevait à la 1re brigade le colonel Bayer.

(1) Lieutenant-colonel BRUTÉ DE RÉMUR, 111, note 2.

(2) Ibid., texte 109.

(3) Lieutenant-colonel BRUTÉ DE RÉMUR, oc. 110 à 112. — Henri BARDY, *Saint-Dié pendant l'administration prussienne.*

Le 14, des reconnaissances étaient poussées dans la direction prise par l'armée des Vosges ; le général de la Roche, après avoir signalé à tort la présence de Cambriels à Remiremont (20.000 hommes de toutes armes) (1), occupait la ville dans la soirée. La brigade prussienne jetait une forte avant-garde sur la rive gauche de la Moselle pour couvrir Épinal (34e régiment d'infanterie, 2e régiment de dragons de réserve et deux batteries). Dans ce mouvement, les 1re et 2e compagnies du 34e, en se portant sur les Forges, dispersaient, avec l'aide de l'artillerie, les 300 francs-tireurs du capitaine Nicora. La reconnaissance subissait dans cet engagement des pertes sensibles, sur lesquelles l'historique reste muet.

Du 13 au 15, le commandement se préoccupait de l'organisation d'une ligne d'étapes sur Lunéville, de rétablir le chemin de fer de Blainville, sur lequel les Français ont détruit les ponts (2) ; de la construction d'une ligne télégraphique avec Nancy, et de la création de magasins. Le 12, les convois arrivaient à Rambervillers ; deux compagnies du 34e régiment, montées sur des voitures, et deux escadrons de hussards de réserve sous les ordres du major Dohna, se portaient sur Châtel et Nomexy, et entraient en communication avec les troupes d'étapes envoyées à Charmes par le gouverneur général de la Lorraine. A cette date, le gouverneur se chargeait de la surveillance de la voie ferrée Blainville-Épinal, et dirigeait sur Baccarat un fort contingent de troupes d'é-

(1) Ces 20.000 hommes étaient représentés par la compagnie de zouaves laissée jusqu'au 11 à Remiremont.

(2) Les Français avaient détruit en grand sur cette ligne les ponts situés à l'est de Bayon, à Langley, à Épinal et, plus au sud, à Xertigny et Aillevillers. Le 16, les communications télégraphiques étaient établies avec Nancy ; le service régulier sur la voie ferrée ne fut repris que le 15 Décembre. Ouvrage du grand état-major, 2e part., t. I, 312.

tapes wurtembergeoises (1), mis à la disposition spéciale du XIVe corps, et se reliant avec les détachements laissés par celui-ci sur ses communications (2).

Fixé sur la situation à Remiremont et à Luxeuil, que la 3e brigade badoise occupait le 15 sans combat; manquant d'artillerie pour bombarder Langres, le général de Werder informait le grand quartier général de la reprise de la marche vers la Haute-Seine, par Neufchâteau-Chaumont, où le chemin de fer de Blesmes lui assurait des relations plus sûres et plus directes avec la principale ligne de communications, reliant l'armée allemande à l'intérieur du pays.

Au télégramme du 14, de Molke répondait aussitôt par l'ordre « d'attaquer l'ennemi le plus à portée et de reprendre ensuite la marche sur Châtillon. »

Convaincu de la retraite de l'armée des Vosges au sud de Luxeuil, de Werder informait le quartier général de l'abandon de la direction Neufchâteau-Chaumont pour celle de Vesoul.

Le lendemain, la 1re brigade badoise se portait sur Xertigny. Le 16, le corps tout entier se mettait en mouvement vers le sud; la 3e et la 2e brigades badoises par Remiremont et Luxeuil; les autres fractions par Xertigny, Saint-Loup et Conflans.

Une colonne prussienne comprenant deux bataillons, deux escadrons et une batterie (3) aux ordres du lieutenant-colonel Osten-Sacken, couvrait le flanc droit et ar-

(1) Deux bataillons et un escadron.

(2) $\frac{\text{9e et 10e}}{\text{30e}}$ $\frac{\text{et 1er et 3e}}{\text{2e huss. rés.}}$ { chargés de faire rentrer les armes existant dans le pays, et qui étaient arrivés, le 12 Octobre à Châtel-sur-Moselle.

$\frac{\text{6e et 7e}}{\text{34e}}$ $\frac{\text{et 1/1 1re}}{\text{2e drag. rés.}}$ { laissés comme garnison à Raon-l'Étape jusqu'à l'arrivée des troupes d'étapes.

(3) $\frac{\text{4e, 5e, 8e et 111e}}{\text{34e}}$ $\frac{\text{2e et 3/4 4e}}{\text{2e drag. de rés.}}$ { et batterie lourde de réserve du 1er corps.

rivait le 17 à Vauvillers. Les patrouilles de cavalerie lancées en avant des diverses colonnes franchissaient la ligne de Belfort à Langres et la coupaient en divers endroits, sans rencontrer l'ennemi, sur toute la section comprise entre Lure et Jussey. Derrière elles, la 1re brigade badoise venait occuper Vesoul le 18; la 2e gagnait Luxeuil avec une avant-garde à Lure, tandis que la 3e obliquait à droite, de Luxeuil vers Conflans, et que les Prussiens demeuraient à Saint-Loup et à Vauvillers. On constatait que les Français avaient fait sauter, aux environs de Lure, le pont du chemin de fer sur l'Oignon.

La réponse du maréchal de Molke, qui parvenait le 17 à Saint-Loup, invitait le chef du XIVe corps « à régler sa marche sur celle de l'ennemi. » Convaincu de la retraite des troupes de Cambriels sous Belfort et Besançon, jugeant désormais impossible de les atteindre en rase campagne, de Werder ordonnait la reprise du mouvement vers Châtillon par Vesoul et Langres, que les troupes devaient atteindre le 19. Les ordres donnés pour la journée du 18 orientent effectivement le changement de front du lendemain. Poussant leurs avant-gardes sur Vesoul et Lure, la 1re brigade s'arrêtait à Port-d'Atelier et Favernay; la 2e à Luxeuil, la 3e à Conflans; les troupes prussiennes et l'état-major restaient à Saint-Loup; Osten-Sacken à Vauvillers (1).

Informé de ces dispositions par une dépêche du 17, de Molke renouvelait expressément, par un télégramme qui parvenait à Vesoul le 18, l'ordre de poursuivre les Français, « avec la faculté de la cesser à Besançon, et de reprendre ensuite la direction par Dijon sur Bourges » (2). Inexactement renseigné par le bureau des nouvelles récemment créé (*Nachtrichtenbureau*), signa-

(1) Ouvrage du grand état-major, 2e part., t. I, 311.

(2) Ibid., DE CISEY, oc. Sciences militaires. Février 1896, 234.

lant Cambriels retranché sous Besançon; pénétré de l'ordre du 30 Septembre que de Molke n'a pas abrogé, de Werder, profitant de la latitude que lui laissait la dépêche du 18, renonçait à la poursuite et orientait directement le XIVe corps sur Dijon. En conséquence, le 19, la 1re brigade occupait Velle-le-Châtel, et ramenait de même vers la Saône les autres fractions du corps d'armée. La 2e brigade badoise occupait Vesoul, la 3e Port-sur-Saône, les troupes prussiennes Favernay; Osten-Sacken, Jussey.

Telle était la situation le 19 au soir, quand se répandait au quartier général de Vesoul la nouvelle que les Français, se sentant soutenus par des troupes fraîches en voie de rassemblement sous Besançon, avaient fait halte en partie sur l'Oignon, et cantonnaient aux environs d'Étuz et de Marnay: renseignement à peu près exact, confirmé par des lettres saisies à Lure, et par la cavalerie de la 1re brigade, dont les patrouilles s'étaient heurtées à Quenoche et à Rioz à un faible détachement de gendarmerie des Vosges et de Franche-Comté, que le commandant d'Orsanne ramenait à Besançon [1]; puis à quelques chasseurs du 7e régiment.

Ainsi, contrairement aux renseignements reçus, les troupes françaises stationnaient hors des ouvrages du camp retranché, principalement à l'ouest; il était possible de les surprendre avant leur complète réorganisation; il était surtout prudent de ne pas se diriger sur Dijon-Bourges, en laissant sur un des flancs des forces importantes destinées à agir offensivement par Langres

(1) Le combat livré près de Quénoche, à la lisière du bois du Droit-du-Mont, fut insignifiant. Vers quatre heures, les gendarmes pris de panique s'enfuyaient vers Besançon à l'annonce des reconnaissances badoises signalées sur la route de Montbozon. Cette reconnaissance, très hésitante, revenait sur ses pas, et son chef rendait compte qu'il « s'était heurté près de Rioz à un fort parti de cavalerie française » ? Commandant X. Euvrard, oc. 19. Ouvrage du grand état-major prussien, 2e part., t. I, 315.

ou Belfort, sur la ligne de communications. Or, le 20, les troupes se reposent dans les cantonnements et se ravitaillent; seule, la brigade prussienne allait occuper Combeaufontaine.

Le lendemain, affaibli des deux bataillons et d'un demi-escadron laissés à Vesoul pour assurer les derrières et l'escorte des convois (1), de la brigade de cavalerie badoise (2); du détachement latéral de droite poussé de Jussey dans la direction de l'ouest jusqu'à Fayl-Billot, d'où il repoussait des francs-tireurs et des gardes mobiles, couvrant là le flanc droit contre les entreprises de la garnison de Langres; le XIVe corps marchait sur Besançon par les routes du Pin, d'Étuz et de Voray.

Après un parcours moyen de 18 kilomètres, les brigades arrêtaient leurs avant-gardes : la 1re à Bucy-les-Gy, la 2e à Oiselay, la 3e à Courboux, la 4e à Neuvelle-lès-la-Charité. Dans la journée, Osten-Sacken repoussait les gardes mobiles dirigés de Langres sur Fayl-Billot; l'avant-garde de la brigade de cavalerie badoise détruisait le chemin de fer à Gray, soutenue par une compagnie du 30e régiment; le gros cantonnait à Motey-sur-Saône et à Beaujeux.

Réservant ses ordres au reçu des renseignements de la cavalerie, de Werder se bornait à prescrire l'occupation des ponts de l'Oignon pour la journée du lendemain. De son côté, le général Cambriels faisait reconnaître le front de ses positions par la colonne mobile

(1) La $\frac{10^{e}}{30^{e}}$ restait seule à la garde des convois, la 9e ralliait le 21, aux environs de Beaujeux, la petite colonne prussienne arrivée par petites colonnes successives de Châtel-sur-Moselle. $\frac{1^{er} \text{ et } 3^{e}}{2^{e} \text{ huss.}}$ arrivés le 12 à Châtel.

(2) 2e et 3e régiments de dragons badois avec la batterie à cheval et $\frac{10^{e}}{\text{rég. corps.}}$ Cette brigade avait mission de couper les voies ferrées de Dijon à Belfort et à Besançon. Ce fut cette brigade qui parvint à Beaujeux le 21. Ouvrage du grand état-major prussien, 315 et note I, II.

du colonel Perrin (1). Informé de la présence de l'ennemi au sud de Rioz et d'Oiselay, le colonel se portait de Franois sur Voray ; quatre compagnies du 3e bataillon des Vosges cantonnaient à Geneuille; les trois autres (2) à la papeterie de Chalandre, avec avant-postes aux ponts de Bussières et de Cussey; le 2e bataillon du Doubs à Bonnay et Merrey, le 85e de marche à Voray. 500 hommes, jeunes soldats, provenant des dépôts du 16e bataillon de chasseurs et du 78e aux ordres du capitaine Mansion (3), se portaient du bois de Chailluz à Buthiers; le bataillon des Hautes-Alpes, armé de mauvais fusils à piston, constituait la réserve à Auxon-Dessus. Dans la soirée, quelques coups de fusil étaient échangés entre les francs-tireurs du Doubs et du Jura et les avant-postes de la 3e brigade établis au sud de Rioz. Laissant un détachement à Neuvelle-lès-Cromary, les francs-tireurs rentraient à Voray et informaient le colonel que Rioz et Oiselay étaient occupés.

Conformément aux instructions qui lui prescrivent « de défendre les passages de l'Oignon, et de se replier devant une attaque sérieuse sur les positions d'Auxon-Châtillon » le colonel dirigeait le 22 au matin le 3e bataillon des Vosges sur le pont de Cussey, laissait à Buthiers le détachement Mansion, et dirigeait personnellement en reconnaissance le bataillon du 85e et les mobiles du Doubs, dans le terrain boisé situé au nord d'Étuz et de Voray.

Au XIVe corps, la 1re brigade, formant l'aile droite, se rassemblait à Autoreille à 9 heures du matin; l'avant-

(1) Cette colonne comprenait : le 4e bataillon du 85e de marche formé à Gray avec les hommes du dépôt, commandant Durochat. — 2e bataillon des mobiles du Doubs, commandant d'Ollone. — 3e bataillon des Vosges, commandant Brachet, et une section de la 18e batterie du 11e régiment aux ordres d'un adjudant.

(2) Le 3e bataillon des Vosges ne comptait que 7 compagnies dans la colonne Perrin.

(3) Ancien lieutenant-trésorier au 16e bataillon de chasseurs.

garde (1) se portait au pont d'Émagny qu'elle trouvait inoccupé; un détachement (2) commandé par le colonel de Wechmar du 1er régiment de grenadiers, gagnait celui de Marnay pour couvrir le flanc droit. Le prince Guillaume informait aussitôt de Werder de l'occupation facile des ponts et attendait à Autoreille de nouvelles instructions. Au centre, la 2e brigade partait de Velloreille à dix heures du matin, se dirigeant sur Étuz et Cussey. Aventurée à 5 kilomètres en avant du gros, ralentie par la batterie lourde, l'avant-garde (3) se heurtait vers 9 h. ½, au sud d'Étuz, à trois compagnies du bataillon des Vosges, établies : la 1re, à l'ouest de la route d'Oiselay; la 2e, derrière le remblai du chemin de Boulot; la 5e, au mamelon 241 (4). Bientôt, inquiétée sur ses derrières par la reconnaissance du colonel Perrin, débouchant du bois de Réthcu, l'avant-garde se repliait sur la côte 248. Informé de son échec, Degenfeld, qui arrivait à Bonnevent, la faisait renforcer par une section de la 4e batterie légère et par le 1er bataillon du 4e badois, dirigé sur Champ-Dolent contre le colonel Perrin.

Poursuivant son mouvement, la brigade atteignait vers 11 h. ½ le débouché sud du bois de Longe-Queue et se rassemblait dans un pli de terrain face à Cussey; soutenue, l'avant-garde marchait sur Etuz.

A l'aile gauche, après avoir dirigé un détachement mixte sur Montbozon pour en détruire le pont et couvrir le flanc gauche du XIVe corps (5), la 3e brigade réunie

(1) Un peloton du 2e régiment de dragons badois, le bataillon de fusiliers du 1er grenadiers et la 3e section de la 3e batterie légère.

(2) Un peloton du 2e régiment de dragons badois, le 2e bataillon du 1er régiment de grenadiers, la 2e section de la 3e batterie légère.

(3) Deux pelotons du 2e dragons, le 2e bataillon du 1er régiment de grenadiers, la 1re section de la 3e batterie légère.

(4) La 3e compagnie occupait l'île qui sépare les deux ponts de l'Oignon, la 4e la place de l'église, les 6e et 7e la partie haute de Cussey.

(5) Deux pelotons du 2e escadron du 1er dragons, le bataillon de fusiliers du 6e régiment et une section de pionniers.

à Pennesières à 8 heures du matin, se portait directement sur Voray ; au passage, son avant-garde repoussait vers dix heures le groupe franc laissé la veille à Neuville-les-Cromary. A l'extrême droite, la brigade de cavalerie badoise occupait sans combat les ponts de Pesmes et de Marnay. Au centre, le colonel Perrin se repliait sur Boult, abandonnant la poursuite; le 1er bataillon du 4e badois traversait le bois de Rétheu, et soutenait, sur le plateau sud-ouest de Boulot, l'avant-garde de la 2e brigade qui s'emparait d'Étuz, mais sans pouvoir en déboucher sous le feu violent des défenseurs de Cussey.

Telle était la situation vers onze heures, quand le général de Werder et les troupes prussiennes arrivaient à Oiselay. Informé de l'occupation facile des ponts de Pesmes à Emagny, fixé sur la résistance que doit rencontrer la 2e brigade au delà d'Etuz, pensant que la 3e, dont il ne reçoit aucun renseignement (1), marche sans effort sur Voray, il ordonnait à la 2e brigade de contenir l'adversaire devant Cussey ; à la 1re, de se porter par Emagny et Monteley, sur le flanc gauche et les derrières des troupes établies à Cussey.

Dictés à dix kilomètres des corps intéressés, ces ordres ne pourront parvenir à temps. Laissé sans renseignements par sa cavalerie, ne distinguant rien du combat d'Etuz, informé à deux heures de sa nouvelle mission, le prince Guillaume arrivera trop tard au delà de Cussey.

(1) Mal renseigné sur l'engagement insignifiant livré au sud de Rioz, le général Keller avait informé le commandant en chef que la 3e brigade se heurtait à des forces supérieures et demandait des renforts. Ayant à parcourir 12 kilomètres dans de mauvais chemins sous bois, gêné par la reconnaissance du colonel Perrin, le dragon porteur du rapport attendu vers onze heures par de Werder, ne parvenait à Oiselay qu'à une heure de l'après-midi. Le lieutenant Bühler chargé de porter l'avis de la prise de Vorny, avait également essuyé le feu de soldats isolés. Commandant X. Euvrard, oc. p. 97 et 102.

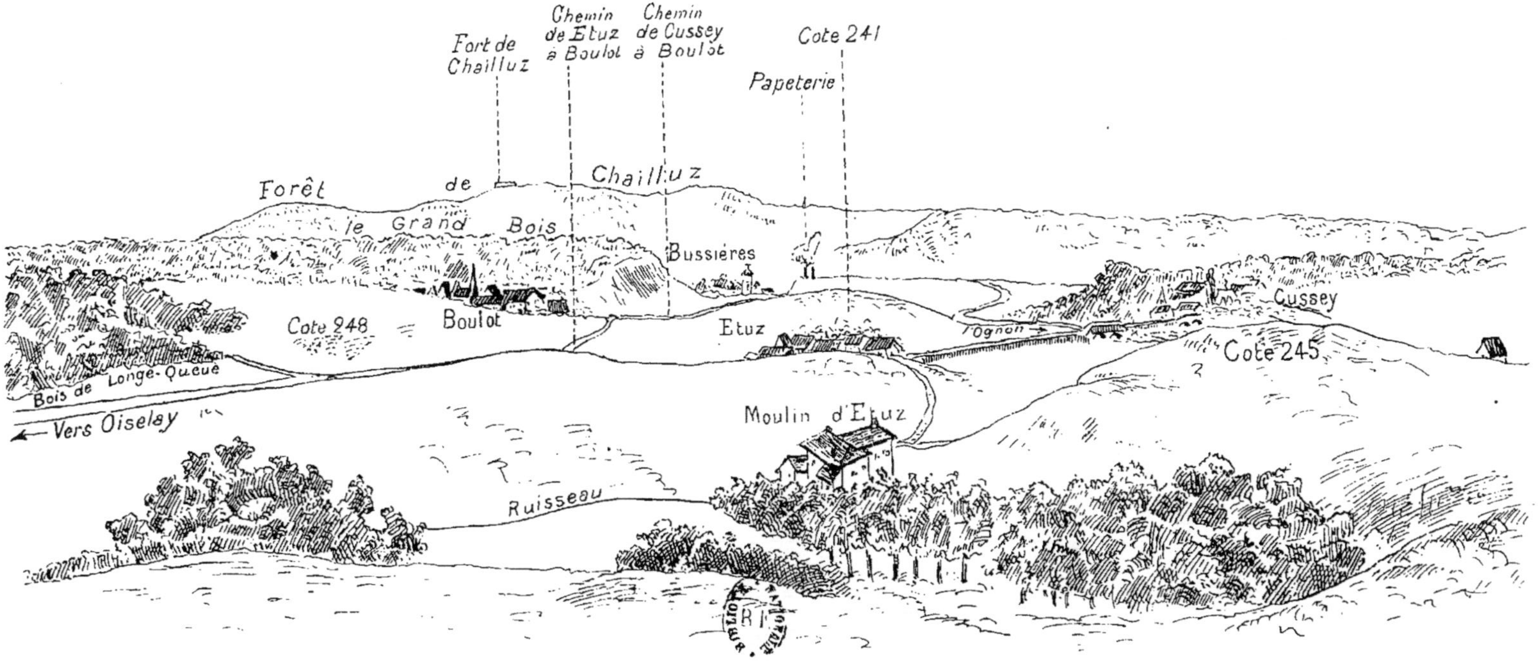

Vue prise de la cote 265, à 1500m au nord-ouest d'Etuz

Entraîné par les circonstances, Degenfeld n'attendra pas son intervention pour agir offensivement; Keller s'arrêtera à Voray devant les premiers renforts venus de Besançon. A midi, le combat reprenait devant Cussey entre les deux bataillons badois et les mobiles du 3e bataillon.

Vers une heure, la 4e compagnie doublait la 2e sur le chemin de Boulot. Croyant à de fortes réserves dans Cussey qu'il ne peut battre efficacement de la côte 248, Degenfeld faisait avancer les deux sections disponibles de la 4e légère et la batterie lourde, sur le plateau 265, entre Etuz et Montboillon; les 4e, 7e et 8e compagnies du 3e badois dirigées par le vallon du Moulin renforçaient la ligne de combat. Redoutant un mouvement tournant contre son aile gauche, le commandant Brachet portait la 7e compagnie sur les hauteurs de la rive gauche, à l'ouest de Cussey; mais vers 2 h. ½ la 4e batterie légère s'établissait au plateau 245, à moins de 1.000 mètres du pont; deux compagnies, les 5e et 6e du 3e régiment, accouraient appuyer la droite badoise en utilisant aussi la voie du vallon du Moulin. A ce moment, la 2e brigade ne dispose plus en réserve que du bataillon de fusiliers du 3e régiment; jugeant sa situation critique, le général de Werder qui arrivait à Bonnevent, dirigeait sur Etuz deux escadrons du 2e dragons de réserve, la 2e batterie légère et les deux premiers bataillons du 30e régiment. Malgré la précision du feu de l'artillerie badoise, la 6e compagnie des Vosges traversait les ponts et prenait part au combat. Laissé sans instructions précises à Geneuille, où il avait été appelé par le colonel Perrin pour agir sur le Boulot, le bataillon des Hautes-Alpes accourait à Cussey. Mal engagée, écrasée par le feu des batteries, la compagnie de tête s'abritait derrière le parapet du premier pont, que les 2e, 4e et 6e compagnies parvenaient à franchir sans pouvoir aborder le second.

Déployées dans l'île, entre la route et la 3e compagnie des Vosges, dont le feu s'exécutait sans danger pour les tirailleurs établis en avant, qu'elle débordait à l'aile gauche; les mobiles des Alpes, incapables de rester sous le feu sans répondre, « tiraient machinalement dans le dos de leurs camarades du 3e bataillon » (1). Saisissant cet instant critique, le 1er bataillon du 4e badois descendait du plateau nord-est d'Etuz, enlevait le mamelon 241 d'où il prenait d'enfilade le reste du front, contre lequel se portait à l'attaque le bataillon de tirailleurs du 3e régiment.

A 4 heures, la 2e brigade occupait Cussey; le 1er escadron des dragons du corps poursuivait nos mobiles sur la rive gauche; 12 officiers et 150 hommes tombaient entre ses mains, pas un dragon n'était blessé. Recueillis par le 1er bataillon du 3e zouaves établi en avant d'Auxon-Dessus (côte 280), les défenseurs de Cussey se reformaient en seconde ligne au sud des bois de Chailluz (2). Repoussé par le feu des zouaves, l'escadron se repliait sur Geneuille où il allait servir de soutien aux trois batteries que de Werder appelait de 245, et de la réserve à la côte 257 pour appuyer la 1re brigade et préparer l'attaque de Châtillon. Désunie, la 2e se rassemblait au sud de Cussey (3).

A l'aile gauche, après avoir rejeté, des bois de la Chenoue et de Charancey, quelques groupes avancés du capitaine Mansion, le bataillon d'avant-garde se dirigeait sur Perrouse, où une poignée d'hommes aux ordres du lieutenant de Valdan le maintenait en échec. Croyant à

(1) Commandant X. Euvrard, oc. p. 79, 80.

(2) En arrière des côtes 327 et 380.

(3) En entrant dans Cussey avec son état-major, Degenfeld saluait et félicitait en français nos mobiles prisonniers. Ils étaient nombreux, 1.200 environ; néanmoins quelques officiers et 30 hommes du bataillon des Alpes ralliés par le capitaine Clément, s'étaient enfuis vers Dôle, d'où Garibaldi les dirigeait sur Besançon. Commandant X. Euvrard, oc. p. 81 et 107.

des forces supérieures, le général Keller faisait avancer la batterie lourde qui se reposait à Rioz depuis dix heures du matin et demandait des renforts à Oiselay. Soutenue par deux pelotons du 5e dragons, la batterie se portait rapidement au Pavillon côte 298, le 2e bataillon du 5e badois appuyait le bataillon d'avant-garde que le détachement Mansion arrêtait jusqu'à 2 h. ½ au nord du ruisseau de Buthiers, ne pouvant battre les pentes de la rive droite sur lesquelles descendaient les groupes repoussés de Perrouse, les artilleurs réglaient leur tir sur les villages voisins; à 2 heures, Buthiers et Bonnay flambaient sous les obus. Vers 3 heures, le 2e bataillon et les fusiliers du 5e atteignaient Buthiers et Voray; la batterie lourde, soutenue par toute la cavalerie de la colonne, s'établissait sur le plateau de la Chapelle (côte 245) et ouvrait le feu contre les premières troupes déployées sur les pentes avancées de Châtillon. Dispersé, le détachement Mansion se retirait sur Merray. Conformément à la lettre de ses instructions, jugeant sa mission terminée, le général Keller informait le chef du XIVe corps de l'occupation de Voray et suspendait son mouvement (1).

A 4 heures, les 2e et 3e brigades occupaient la rive gauche de l'Oignon, mais une bataille décisive restait à livrer, et dans quelles conditions, sur un terrain que la nature et la défense rendaient inabordables de front. Imparfaitement renseigné par le rapport laconique « Rien de nouveau » que le colonel Perrin lui avait adressé la veille au soir, le général Cambriels s'était porté vers 1 h. ½ sur les hauteurs de Châtillon, avec son chef d'état-major, le lieutenant-colonel de Bigot. Devant le développement de l'action, jugeant menacées les positions de la rive gauche, il prescrivait l'occupation im-

(1) Commandant X. Euvrard, oc. p. 102.

médiate de celles d'Auxon-Châtillon par toutes les troupes disponibles aux environs; troupes peu nombreuses, 7.500 hommes environ, les unités de l'armée de l'Est procédant ce jour-là aux changements de cantonnements imposés par l'organisation récente des divisions.

Les 1er et 3e bataillons du 3e zouaves de marche, le 1er bataillon des Vosges, le 2e bataillon des Deux-Sèvres, la légion d'Antibes et la 19e batterie du 12e régiment venus de Saint-Claude et de Saint-Fergeux, mêlés à quelques francs-tireurs de l'Isère, du Jura, du Doubs et à la légion bretonne, garnissaient vers quatre heures les positions d'Auxon, du bois de Chailluz et de Châtillon (1). Les troupes trop éloignées pour atteindre avant la nuit ces positions, devaient s'établir sur les hauteurs qui s'étendent en demi-cercle au nord-ouest de Besançon, du Point-du-Jour à Saint-Fergeux.

Des hauteurs de Geneuille, derrière lesquelles se tenait la brigade prussienne, réduite à moins de quatre bataillons (3 ½) (2), de Werder envisageait les conséquences des ordres donnés la veille. La 1re brigade n'intervient pas au delà de Cussey, les deux autres débou-

(1) La compagnie du 16e bataillon de chasseurs et 2 compagnies du Doubs occupaient Devecey. Les autres compagnies de ce bataillon, quelques compagnies de zouaves, le détachement du 78e et 5 compagnies du 85e de marche, la maison des scieurs de long, Cayenne et le Bossu. Le 2e bataillon des Deux-Sèvres, la légion d'Antibes, un peloton du 7e chasseurs à cheval, les francs-tireurs du Doubs, du Jura, de l'Isère et la légion bretonne, les positions du bois de Chailluz et de Châtillon. Au nord d'Auxon-Dessus, le 1er bataillon de zouaves et le 1er bataillon des mobiles des Vosges, avec un détachement sur la route neuve de Cussey à Besançon. Une section de la 11e batterie du 19e régiment à la maison des scieurs de long face à Voray, deux autres sections de la 19e batterie du 16e régiment venues de Saint-Fergeux, la hauteur du Bossu face à Cussey. En seconde ligne, à la côte 365 et au sud du bois de Chailluz, les débris du 3e bataillon des Vosges et du bataillon des Hautes-Alpes venus de Cussey.

(2) L'effectif réduit de la brigade prussienne provenait des nombreux détachements laissés sur les communications. Rarement engagée, surveillant et appuyant moralement les Badois, elle ne comptait à la fin de la campagne qu'une perte de 1/6; celles de la division badoise, toujours en avant, s'élevaient au 1/7 de l'effectif. Commandant X. Euvrard. oc. p. 50, note 1.

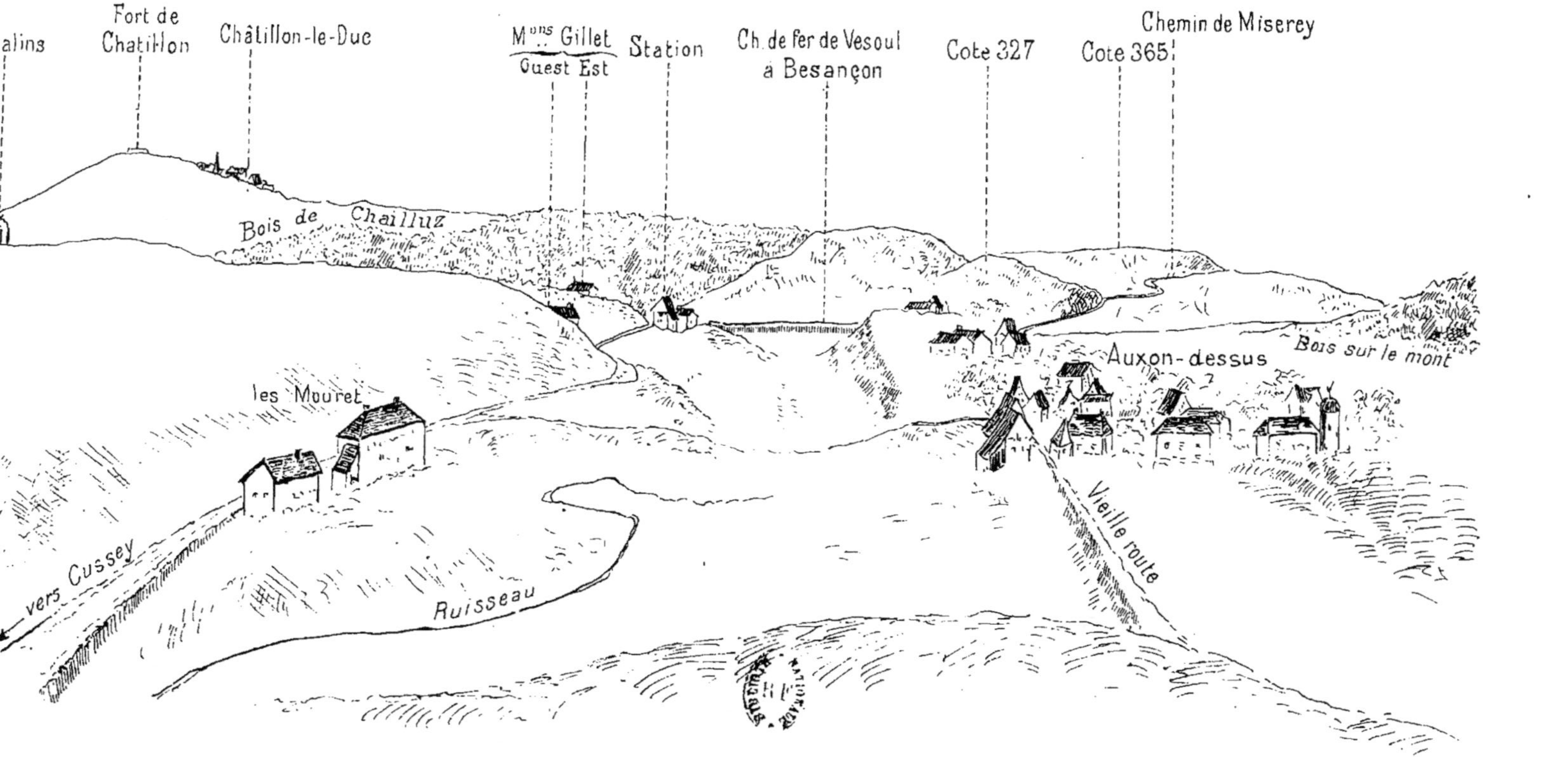

Vue prise à la lisière sud du Gd Bois entre la Vlle et la Nlle route de Cussey

chent sans liaison, séparées par un intervalle de 5 kilomètres, devant les positions de Châtillon ; la 2e est épuisée par le combat. Pour souder ces éléments, le chef du XIVe corps dirigeait sur Bussières près des deux tiers de sa réserve : les 1er et 2e bataillons de mousquetaires du 30e régiment. Persévérant dans l'idée d'agir avec le centre et l'aile droite, confiant dans l'intervention de la 1re brigade, de Werder ordonnait à la 2e l'attaque des bois de Cussey. Le feu des trois batteries établies à la côte 257 (1) prépare la marche des bataillons dirigés, le 1er du 4e badois sur Auxon-Dessus, le 1er du 3e en seconde ligne contre les bois de Cussey et du Pasquier ; le 2e du 30e prussien et deux compagnies du 5e badois venues de Voray, sur les bois de Chailluz et de Châtillon. Le 1er bataillon du 30e et trois compagnies du 3e assurent la liaison.

Repoussé d'Auxon par le détachement de zouaves, le 1er bataillon du 4e badois se repliait sur la lisière sud du bois Pasquier, où pénétrait le bataillon du 3e régiment. Au lieu de renouveler l'attaque, manquant d'ardeur, les deux bataillons réunis se mettaient à l'abri du feu, attendant, pour agir, un incident favorable ou l'intervention de la 1re brigade signalée vers Monteley. Disposé en colonnes par compagnies déployées à distance entière, précédé d'une ligne de tirailleurs, le 2e bataillon du 3e, malgré les pertes sensibles que lui fait éprouver le feu de la section d'artillerie établie au Bossu, accélérait sa marche et atteignait les abords de Cayenne, d'où le rejetaient le 2e bataillon des Deux-Sèvres et les compagnies du 85e déployées du Bossu à Châtillon. Le 1er bataillon du 30e, moins une compagnie laissée au pont de Bussières et les trois compagnies badoises, au lieu de contourner le bois de Vauxoreille inoccupé et soutenir

(1) 2e et 4e légères, 1re batterie lourde.

les deux bataillons, en battait inutilement l'intérieur pour déboucher tardivement à la lisière opposée, sur le ruisseau de Geneuille, au moment de l'échec du 1er bataillon.

Vers 3 h. ½, quand cessait le combat de Cussey, la 1re brigade passait le pont d'Emagny et marchait sur Monteley ; six compagnies des grenadiers du corps, quatre pièces de la 3e batterie légère et quelques dragons, aux ordres de l'énergique colonel de Wechmar, se portaient directement par Fontaine-de-l'Epine sur Auxon-Dessus. Ainsi couverte, la brigade poursuivait son mouvement vers Geneuille, quand, vers 5 h. ½, au moment de franchir le ruisseau des Moulins, un ordre de Werder lui prescrivait de se replier sur l'Oignon et de cantonner à Pin, à Emagny et à Beaumotte (1). Sans prévenir son détachement, la 1re brigade gagnait ses cantonnements ; se conformant au même ordre; la 2e, couverte par les deux bataillons des 3e et 4e badois laissés dans le Grand-Bois, gagnait Geneuille et Cussey. L'échec était complet sur tout le front; les fautes du commandement, la mollesse et le décousu des attaques laissaient le XIVe corps impuissant devant les positions de Châtillon (2). Dans la soirée, la division badoise cantonnait : 1re brigade à Pin, Beaumotte, Emagny ; la 2e à Etuz et Cussey ; la 3e à Rioz, Voray et Buthiers; le gros de la brigade prussienne à Oiselay, les 1er et 2e bataillons du 30e à Bonnevent, où ils n'arrivaient que fort tard dans la nuit (3).

Craignant une surprise de nuit ou une attaque au point du jour, doutant de la solidité de ses troupes chez lesquelles il avait constaté de réelles défaillances pendant

(1) Commandant X. Euvrard, oc. p. 126.

(2) De part et d'autre les pertes étaient insignifiantes : nous avions perdu 150 hommes tués ou blessés ; les Allemands ne comptaient que 27 hommes tués, dont un officier; 95 blessés, soit 122 hommes hors de combat. Ouvrage du grand état-major, 2e part., t. 1, supplément LXXXIII, p. 101.

(3) Commandant Euvrard, oc. p. 129.

le combat (1), le général Cambriels laissant aux avant-postes le détachement du colonel Perrin, soutenu à Chailluz par le 2ᵉ bataillon des Deux-Sèvres, à Auxon-Dessus par les 5ᵉ et 6ᵉ compagnies du 1ᵉʳ régiment de zouaves, ramenait les troupes engagées sur les hauteurs qui s'étendent en arc de cercle, à 4 kilomètres au nord-ouest de Besançon, de Palente à Saint-Fergeux, où la journée du lendemain les trouvaient encadrées dans les divisions des généraux Thorton et Crouzat. Ignorant la retraite de sa brigade, gêné par l'obscurié dans un terrain difficile, le colonel de Wechmar se heurtait vers 8 heures du soir contre les deux compagnies de zouaves laissées à Auxon-Dessus. Pris de panique, son détachement allait être rejeté sur le ruisseau des Moulins, quand les deux premiers bataillons des 3ᵉ et 4ᵉ badois laissés pour couvrir la 2ᵉ brigade, entendant la fusillade, débouchèrent à-propos sur le flanc droit des zouaves par le bois Pasquier. Pêle-mêle, détachement et renforts pénétraient dans Auxon qu'ils évacuaient une heure après; le village restait inoccupé entre les deux partis.

La journée du 22 n'avait rien appris; replié sur l'Oignon, le XIVᵉ corps avait perdu le contact; son chef ignorant l'effectif et l'emplacement, prescrivait à la 3ᵉ brigade de pousser au point du jour des reconnaissances sur Besançon. Se rendant compte de la dispersion de ses forces, le général Keller rappelait dans la nuit du 23, de Rioz à Voray, le 1ᵉʳ bataillon du 5ᵉ régiment; deux compagnies relevaient sur la rive droite les grand'gardes du 2ᵉ bataillon, dont les 5ᵉ et 6ᵉ compagnies, couvertes par deux pelotons de dragons, se portaient à 6 h. ½ du matin de Voray sur Besançon. Inquiet par des rapports exagérés signalant l'ennemi sur plusieurs directions, man-

(1) Dans la journée de nombreux gardes mobiles avaient quitté les rangs; sur plusieurs points le terrain était jonché d'armes, de vivres et de munitions dont ils s'étaient allégés pour ne pas aller au feu. Notes de l'abbé Thomas, curé d'Auxon. Commandant EUVRARD, oc. p. 123, note I.

quant de cavalerie pour en contrôler l'exactitude, craignant surtout de voir l'adversaire se glisser sur la route de Marchaux par la forêt de Chailluz, cédant aux avis du général Cambriels, le colonel Perrin laissant les corps francs, la légion bretonne et une compagnie de zouaves au poste de Châtillon, se portait sur Palente à 7 heures du matin avec le bataillon du 85e et le détachement du capitaine Mansion. Fractionnée en deux détachements dirigés par Cayenne, la maison de Paille et l'Hermitage-sur-Châtillon; renforcée après un premier échec au point 414 par un peloton du 3e régiment envoyé d'urgence de Cussey par le major Steinwachs, la reconnaissance échouait contre le détachement laissé par le colonel Perrin, laissait 27 hommes sur le terrain, et ne rapportait à de Werder que des renseignements insuffisants.

Le combat avait néanmoins permis de constater que Châtillon était occupé comme poste avancé, mais il restait à connaître la position principale de l'armée de Cambriels. Au reçu des rapports de la 3e brigade, de Werder ordonnait au général Degenfeld de déterminer par une reconnaissance offensive la situation des forces ennemies réunies sous Besançon. Vers trois heures, les deux premiers bataillons des 3e et 4e régiments, une batterie lourde et un peloton du 1er dragons, aux ordres du lieutenant-colonel Kraus, se portaient sur Auxon-Dessus; des détachements de la brigade de cavalerie badoise, partis de Pesmes, allaient en même temps occuper le terrain boisé de la rive gauche, et rechercher les forces ennemies signalées vers Dôle comme l'avant-garde de Garibaldi (1).

A 4 heures, le gros de la reconnaissance arrivait à Auxon-Dessus; deux compagnies se portaient sur le Péage et Miserey pour couvrir les flancs, poursuivant

(1) Ouvrage du grand état-major, 2e partie, t. I, p. 320.

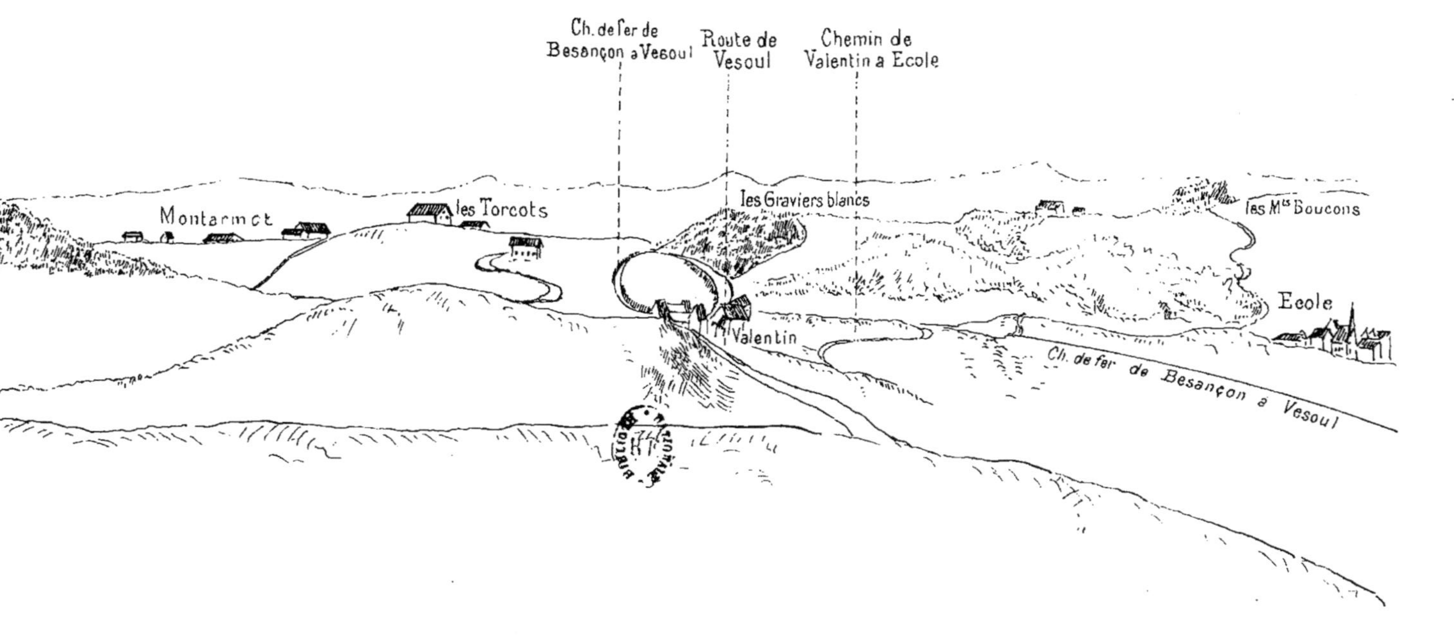

Vue prise de l'extrémité sud de la crête boisée du Calvaire

sa marche, le gros de la reconnaissance s'arrêtait au sud du bois de Chailluz, au point 365, de nombreuses patrouilles gagnaient la crête des Rancenières au Calvaire, où les arrêtait le feu de la légion d'Antibes établie en avant des Trois-Croix (1).

L'appui de deux compagnies et de la batterie lourde établie près de la Chapelle de Mizerey, poussait les tirailleurs jusqu'au Calvaire, d'où le lieutenant-colonel Kraus et le capitaine de Freidbourg de l'état-major du corps d'armée pouvaient apercevoir : « des Montarmots aux « Graviers-Blancs, aux Monts-Boucons, et aussi loin que « la vue pouvait s'étendre, » toute l'armée de l'Est rangée pour le combat. Après tant de misères supportées dans la retraite des Vosges au camp retranché et les alertes incessantes, ces troupes, pour la première fois réunies, semblaient défier l'attaque du XIVe corps, et saluaient sa reconnaissance de deux coups de canon (2).

Leur organisation, les défenses qui s'élevaient sur la rive gauche de l'Oignon, véritable fossé formé par les hauteurs retranchées de Chailluz, de Châtillon-le-Duc et d'Auxon ; au nord-ouest de la place, fermant la trouée d'École où viennent converger en faisceaux les routes qui franchissent l'Oignon à Pin, à Cussey et à Voray ; la boucle du Doubs avec sa citadelle et les ouvrages avoisinants des vieux forts de Battant, Brégille, Chaudanne, le Rosemont; ceux de la crête des Buis, de Montfaucon; enfin, les ouvrages qui commencent à s'élever sur la ligne Chalezeule-Velotte par Palente, Montarmot, avaient rendu confiance à nos corps improvisés (3).

Rappelant ses compagnies engagées, le lieutenant-colonel Kraus rentrait à Cussey et rendait compte de sa mission.

(1) A 500 mètres au sud de l'emplacement actuel de la batterie du Calvaire, à l'est de Miserey, entre les routes des Rancenières et de Cussey.

(2) Commandant X. Euvrard, oc. 139.

(3) Depuis deux jours, l'armement réglementaire garnissait l'enceinte et

Jugeant le succès impossible, inquiet des rassemblements que l'échec de la veille commençait à soulever sur les communications, le général de Werder, se conformant à l'ordre du 18, prescrivit au XIVe corps de reprendre la marche vers l'ouest par Gray et Dijon (1).

Le 28, une dépêche du grand quartier général parvenait à Gray. Renouvelant l'ordre intercepté le 23 à Epinal, de Molke, modifiant la mission du corps d'armée, prescrivait au général de Werder d'occuper fortement Dijon, de couvrir l'aile gauche de la 11e armée, en marche de Metz sur Orléans, avec le XIVe corps augmenté des 1re et IVe divisions de réserve. Ainsi renforcé, de Werder devait investir, puis assiéger les places de Schlestadt, Neuf-Brisach et Belfort; enfin, maintenir et immobiliser devant son front des contingents français en rapport avec son effectif. Il lui était aussi recommandé de surveiller attentivement Belfort jusqu'à l'arrivée de la 1re division de réserve devant cette place, de façon à pouvoir s'opposer en temps voulu aux incursions projetées de ce point vers les Vosges et la Haute-Alsace (2).

les forts, et 253 pièces, approvisionnées à 500 coups chacune, dont 30 projectiles seulement chargés, y étaient réparties, savoir :

	Pièces.
Rempart, ville, faubourg de Battant	113
Brégille	43
Beauregard	5
Chaudanne	22
Citadelle	10
	253

Cf. J.-B. Dumas, oc. 76.

(1) La direction de Dijon par Gray, Seveux, Savoyeux où un rassemblement de 400 paysans armés était signalé, constituait la route la moins directe, quand le corps d'armée pouvait déboucher sur la Saône par la vallée du l'Oignon à Essertenne et à Pontailler. Ou de Werder a reçu le télégramme de 23, soi-disant intercepté à Epinal par une rupture de fil, lui prescrivant de se porter vers le nord pour couvrir l'aile gauche de la 11e armée ; ou il a cherché à éviter les bandes de Garibaldi et du docteur Lavalle rassemblées à Dôle et à Pontaillier. Voir ouvrage du grand état-major prussien. 2e part. t. I. 321. Note I et supp[t] LXXXIV. III. App.

(2) Ouvrage du grand état-major prussien, 2e part. t. I. 321. Supp, LXXXIV. 112.

Le 31 octobre, les 1re et 3e brigades occupaient Dijon, la 2e Vesoul ; les troupes prussiennes s'établissaient en réserve à Gray pour surveiller Langres et Besançon.

Sous cette dernière place, l'organisation de l'armée de l'Est se poursuivait avec activité. Le 28, les deux premières divisions présentaient un effectif total de 20.000 hommes ; les éléments de la 3e se groupaient sur la rive gauche du Doubs. Cependant, malgré les plus louables efforts, rien n'était complet ; insuffisants, inexpérimentés, les cadres subalternes faisaient défaut ; des ressources immenses étaient gaspillées ou perdues par le désintéressement des corps, le pillage et d'irrégulières distributions. Après la retraite de la Lisaine vers Besançon et Pontarlier, trente wagons, remplis de vivres et d'effets, étaient pillés près du garage de Saint-Fergeux ; des caisses remplies de sucre et de café servirent à alimenter les feux de bivouac. Quand l'armée se retira sur la Cluse de Joux, des approvisionnements considérables jonchèrent les chemins ; on compta plus de 30.000 couvertures jetées sur les routes du Jura. Quant aux chaussures, aux armes, aux effets d'équipement abandonnés, le nombre en est incalculable. Au delà de la Cluse de Joux, la retraite s'effectuait sous la protection du 2e bataillon de la Meurthe, « à travers des voitures de vivres, d'ambulances, de caissons remplis et abandonnés, pillés par des traînards en état d'ivresse, morts à côté des fûts d'eau-de-vie ouverts. Le riz et le café jonchaient le sol (1). » Sous Besançon, la discipline était relativement assurée, on n'avait pas subi l'influence du désastre de la Lisaine ; pendant la retraite même, les troupes bien commandées avaient peu souffert.

(1) Voir les ouvrages suivants : Beauquier, *Les dernières campagnes dans l'Est*, in 12° 1873. 270. Colonel Lecomte, *Relation historique de la guerre franco-allemande*, in 12° 1887. 268, de Freycinet, *La guerre en province*, 7e édit. in 12 1872. 340. Von der Goltz, *Gambetta et ses armées*, 12e édit. 1887. 385. A. Pernot. *Aperçu historique sur le service des transports militaires*, in. 8° 1894. 464.

Le général Michel, remplaçant le général Cambriels gravement malade, devait écrire au ministre de la guerre le 5 décembre 1870 : « Rien n'est difficile ici « comme le maintien de la discipline, tout ce qui augmen- « tera cette difficulté retardera le moment où l'on pourra « tenter une action vigoureuse et sérieuse. On ne pourra « compter sur nous que lorsque l'ordre règnera dans « l'armée. Les autorités civiles et même militaires, font « arrêter comme espions prussiens tous mes envoyés, « même munis de pouvoirs signés par moi. »

Cette situation peut-être grossie, n'existait pas en fin d'octobre à Besançon. Incapables encore d'une action décisive, mais enhardies, relevées moralement par l'échec et la retraite de l'ennemi, nos troupes étaient en état d'agir contre le flanc de l'adversaire dispersé entre Gray, Vesoul et Dijon. C'était l'avis du général Crouzat remplaçant par intérim le général Cambriels. Le projet touchait à l'exécution, si les rapports et les événements n'avaient conduit le gouvernement à suspendre momentanément la campagne sur les communications, et à diriger sur Chagny les divisions de l'armée de l'Est, puis sur la Loire où elles allaient constituer le 20e corps aux ordres du général Crouzat.

Il ne restait plus dans la région que les corps encombrants de Garibaldi, quelques groupes francs, et les gardes nationales organisées ou en voie de formation.

Revenu deux mois après en Franche-Comté, le 20e corps combattait énergiquement à Auxon, Villersexel et Arcey. Après les échecs sur la Lisaine, après Pontarlier, Sombacourt, Chaffois, l'armée de l'Est se réfugiait presque entière en territoire suisse, garantie par la négociation signée le 30 janvier entre les généraux Herzog et Clinchant (1).

(1) Journal de Marche du 2e Bataillon de garde mobile de la Meurthe, 114. 115.

V

Considérations générales

Après les essais infructueux de destruction contre le tunnel de Lutzelbourg, la résistance de la région vosgienne s'imposait immédiate avec les moyens réunis, dans les derniers jours de septembre, dans le département. L'ignorance de la situation, la crainte d'imposer à de jeunes troupes et aux corps francs des fatigues excessives, conduisit à l'occupation permanente de larges cantonnements, dans lesquels la discipline et l'instruction n'avaient rien à gagner. Le temps passa en discussions, en construction de travaux de défense que personne n'occupa, quand il était facile à cette saison de parcourir et de vivre en reconnaissances, dans les massifs de la Plaine, du Ban-de-Sapt et de l'Ormont. L'occupation de ces points, par des partisans décidés au combat, permettait les attaques contre les colonnes séparées de Degenfeld, engagées sans liaison dans les défilés conduisant à la Meurthe. Forcés d'évacuer la rive droite, nos corps aguerris par quelques coups de main trouvaient, au pied du Repy, du Kemberg et de la Madeleine, des lignes nouvelles de résistance très fortes, en attendant les renforts promis.

La direction et l'autorité manquaient à la fois ; dégagés de principes militaires, les corps francs agirent sans efforts, sans but précis ; aussi, la journée du 5 laissait les troupes affaiblies, presque découragées par les échecs d'Azerailles et de Raon, et dispersées sans réserves sur le front trop étendu de Saint-Michel à Saint-Remy. La lenteur de l'ennemi, l'inaction de sa cavalerie, retardaient d'un jour leur échec ; l'adversaire n'avait pas découvert au-delà des avant-postes le rassemblement confus de la Bourgonce ; les patrouilles lancées en avant n'ont rien vu, rien appris ; la direction de Saint-Dié, objectif du lendemain, n'est pas observée, la brigade Dupré atteindra la Bourgonce dans la nuit et à l'aube du lendemain ; pas une reconnaissance d'officier ne constatera son mouvement. Le 6, les deux partis combattront dans la plus parfaite ignorance de leur situation réciproque.

Au lever du jour, le général Degenfeld marche sur Saint-Dié : les troupes de Raon-l'Etape par la rive droite, celles d'Etival par la rive gauche. Au reçu du premier renseignement signalant l'adversaire en avant de Nompatelize, le quart de l'effectif est engagé sans parvenir à déterminer l'étendue du front de la défense qui commence à s'étendre du Petit-Jumeau à la lisière des bois de Saint-Benoît. Jusqu'à 9 heures ½, les efforts de l'attaque sont décousus, sans vigueur ; l'action s'étend sur tout le front ; l'intervention du 2e bataillon débouchant de Biarville reste sans effet ; le point d'attaque n'est pas choisi, la mission mal définie, les corps divergent sur Nompatelize et le Han, sans liaison, sans soutiens immédiats, à la merci d'une contre-attaque qui ne se produit pas. Jugeant la situation compromise, Degenfeld appelait sur le champ de bataille une partie de la colonne de la rive droite, de l'artillerie surtout, dont le groupement à la côte 369, décidera de la perte de Nompatelize et du succès de la brigade ; il rapprochait du combat les troupes inutiles à Etival et à Raon.

L'offensive allemande reprenait alors sur tout le front ; l'aile droite arrêtait le mouvement tournant des gardes-mobiles des Deux-Sèvres, s'emparait de Saint-Remy ; le centre de Nompatelize, mais rien de décisif n'était obtenu. Six compagnies s'entassent dans les Feignes, pas une réserve n'est à pied-d'œuvre pour tenter sur la Salle et la Bourgonce ce vigoureux coup droit qui eût coupé la défense en deux tronçons, bloqué l'aile droite au Petit-Jumeau et compromis la retraite sur les Rouges-Eaux. Ainsi traîne la bataille jusqu'à 2 heures, coupée par une contre-attaque qui ne réussit pas. Numériquement trop faible, mal soutenue par une artillerie sans vitesse et sans portée, morcelée sur Nompatelize et le Han, l'initiative du général Dupré restait sans résultat. De part et d'autre, le coup d'œil, la direction et la décision font défaut.

L'intervention des troupes badoises dirigées d'Etival par Saint-Remy sur la Salle, le Han et la ferme située à la croisée des routes de la Salle, Nompatelize, les Void-de-Paru et les fermes de la Folie, assuraient seulement vers quatre heures l'acte décisif. Débordée, l'aile gauche se repliait sur la Bourgonce dans le plus grand désordre ; de 4 h. ½ à 5 heures, ce fut la déroute ; nos troupes épuisées échappaient à un désastre complet grâce à la dernière résistance du remblai de la Salle et à l'inaction de la cavalerie badoise qui les laisse aller. Pas un peloton n'est dirigé sur les derrières laissés libres, les routes ouvertes conduisant aux Rouges-Eaux assurent la retraite des bataillons battus.

Le 6 au matin, les deux partis étaient mal fixés sur leur situation réciproque ; faute de cavalerie, le commandant Brisac n'a communiqué au général Dupré que les avis rapportés la veille par les exprès envoyés à Saint-Dié, à Etival et à Raon. Le général confiant dans ses troupes, convaincu de la possibilité d'atteindre dans la soirée les abords du Donon, marcha de l'avant. Mal renseigné par ses patrouilles envoyées sur la rive gauche le 5 au soir, n'ayant rien reçu de celles dirigées le 6 au matin par le brouillard, pensant que quelques corps-francs tenaient la rive gauche, Degenfeld allait à Saint-Dié. Le général Dupré semble ignorer le voisinage de l'ennemi, son dispositif sur trois colonnes conduit, dès le contact, à un déploiement exagéré sur lequel l'action du commandement disparaît au premier coup de fusil. La brigade devait déboucher sur une seule colonne avec flanc-gardes, par le chemin de Nompatelize à Etival ; marchant à l'avant-garde, disposant de forces nécessaires, son chef bousculait les deux bataillons déployés du major Keller, et rejetait d'Etival le détachement que le général Degenfeld venait d'y rassembler.

Admettant un échec, il était possible de défendre pied à pied le terrain accidenté de la Combe de Nompatelize, de poursuivre la résistance dans les bois de la Mortagne, et de gagner au delà, non le plateau de Champdray, mais la forêt d'Epinal, pour en déboucher à propos sur le flanc de l'adversaire marchant vers le sud par les routes de Bruyères et de Rambervillers. L'avant-garde du XIVe corps n'eût pas suivi nos troupes sur un pareil terrain, le corps d'armée eût subi des pertes malgré ses moyens d'action et du retard dans son mouvement. L'arrêt nécessaire à son organisation entre Saint-Dié et Raon, laissait à nos troupes si éprouvées un repos nécessaire, et le temps indispensable à leur réorganisation.

Mise en route le 6, la division badoise dans laquelle l'ordre normal est bouleversé, où la plupart des commandements sont intérimaires, arrivait sur la Meurthe le 8 ; la brigade prussienne le 9. Il était possible aux colonnes du XIVe corps de déboucher le même jour, sur la route de Raon à Saint-Dié, si la colonne prussienne, au lieu de coucher le 7 à Schirmeck, eût atteint dans la soirée Saint-Blaise ou Saulxures au pied du Hans, et Etival le 8. S'il était nécessaire de lui faire suivre la vallée de Celles, elle pouvait, sans effort, cantonner le 7 à Luvigny-Allarmont et déboucher le 8 à Raon ; l'étape du 7 eût été de 37 kilomètres, celle du lendemain de 25 environ. Mais les troupes du XIVe corps ne marchent pas, nous le verrons au cours du récit.

Attendant le corps d'armée, Degenfeld n'a pas bougé,

l'avant-garde se repose et réunit des vivres, le contact est perdu ; le 8 elle se morfond sur la Meurthe et à Saint-Dié, avec toute la division badoise dans laquelle le désordre est complet.

Réorganisé, le XIVe corps se portait le 11 dans la direction de l'ouest. Le contact est repris à l'aile gauche vers Anould, au centre dans les Rouges-Eaux. Le canon de Brouvelieures a été entendu à Vanémont, la liaison s'impose entre les 1re et 3e brigades, des ordres formels la prescrivent ; au lieu de pousser jusqu'à Laveline, où la communication est facile avec Bruyères, la 3e s'arrête à la Houssière ; la 2e à Corcieux, après une étape de 20 kilomètres environ, quand les circonstances imposent la concentration de la division badoise autour de Bruyères, et l'envoi de la cavalerie sur Docelles et Champdray.

En agissant ainsi, l'état-major eût appris vingt-quatre heures plus tôt la retraite des Français sur Remiremont. Malgré le mauvais temps que nos troupes improvisées subissaient dans de longues étapes, les Allemands reposés sur la Meurthe, entamaient la poursuite le 11 au soir ou le 12 au matin ; une étape de 35 kilomètres leur permettait d'atteindre Remiremont que la 2e brigade de l'armée évacuait seulement à trois heures de l'après-midi.

Mais au XIVe corps, le chef et l'état-major sont à Rambervillers, à 25 kilomètres de la colonne du centre ; la cavalerie ne renseigne pas, les généraux de brigade attendent des ordres, les troupes piétinent sur les routes : tout contribue à sauver d'un désastre nos soldats battus.

Le 11 au soir, ni le général en chef, ni les commandants de colonnes ne sont exactement renseignés sur la situation ; des renseignements suspects, émanant d'une courtisane, signalent encore nos troupes sur le plateau de Champdray et décident de leur attaque pour le lendemain.

L'étonnement fut profond le 12 octobre quand les

patrouilles informèrent le quartier général de l'évacuation des positions et de la retraite de Cambriels sur Gérardmer et Remiremont ; pour être tardif, le renseignement n'en était pas plus précis.

Appelé à choisir entre deux objectifs : l'ennemi que la cavalerie signale à proximité, Epinal qui barre la direction imposée par l'ordre du 30 Septembre, de Werder, s'arrêtant à une demi solution, dirigeait les troupes prussiennes sur Epinal ; la 1re brigade s'établissait à Girecourt-sur-Durbion, les deux autres à Bruyères et Deycimont, étapes insignifiantes, pendant lesquelles l'aile droite de l'armée de Cambriels quittait la Bresse pour rejoindre à marches forcées la 2e brigade au delà du Thillot.

La journée du 13 marque par les mêmes hésitations, la 1re brigade marche sur Epinal, les deux autres s'arrêtent à Docelles et à Pouxeux ; la poursuite se limite à des marches moyennes de 15 kilomètres ; tout contact est perdu.

Les fautes s'accumulent le 14. Indécis, le général de Werder propose au grand quartier général l'itinéraire Neufchâteau-Chaumont, et attend des ordres. Deux brigades restent inactives à Epinal et à Dounoux ; la cavalerie qui aurait dû franchir le 8 la région difficile de la Mortagne, et atteindre la Haute-Moselle le 9 ou le 10 au plus tard, avant l'arrivée des colonnes françaises aux cols des Faucilles, patrouillait aux environs de Remiremont évacué, qu'elle signalait tenu par 20.000 hommes.

Au télégramme du 14, de Molke répondait le jour même par l'ordre « d'attaquer l'ennemi le plus proche. » Cet ordre laconique, incomplet, muet sur la situation générale, ne pouvait qu'augmenter l'hésitation et provoquer la discussion dans un état-major habitué à des indications plus nettes. Abrogeait-il celui du 30 Septembre, devait-on considérer comme un incident de la marche la conversion du corps d'armée vers le sud ; convenait-il de pousser au delà de Vesoul ou de revenir de ce point sur la Haute-Seine par Dijon? Questions superflues quand il s'agissait d'obéissance et d'activité. Le problème fut tardivement résolu, nous en trouvons la preuve dans le télégramme du 15 et dans le retard apporté à la mise en route du gros du corps d'armée dirigé le 16 sur Vesoul. En informant de Molke du départ de l'avant-garde dirigée le 15 sur Xertigny, le général de Werder demandait encore à Versailles s'il devait s'engager au sud de Luxeuil, Lure, Vesoul, ou reprendre de ces différents points la direction de l'ouest.

La réponse du grand quartier général qui parvenait le 17 à Saint-Loup, contenait cette simple indication : « Au « sujet de la direction à suivre par le XIVe corps, dans « la marche des jours suivants, il faut se régler uniquement sur l'ennemi. »

Certain de la retraite des Français sous Besançon, jugeant impossible de leur livrer bataille hors du camp retranché, de Werder décidait de la reprise de la marche vers Dijon ; les troupes doivent atteindre Vesoul le 18, Langres le 19.

Informé de ce mouvement, de Molke, par un télégramme plus précis qui parvenait le 18 à Saint-Loup, renouvelait au chef du XIVe corps l'ordre « de pour« suivre l'ennemi, avec faculté de prolonger son mou« vement jusqu'à Besançon, et de reprendre ensuite la « direction de la Haute-Seine par Dijon.

Laissé trois jours sans ordres précis, plus soucieux de sa propre sécurité que de la poursuite de l'adversaire, le corps d'armée n'a parcouru dans ces trois journées que 40 kilomètres, sur des routes en bon état, à travers un pays riche que l'armée des Vosges laisse ouvert. Avec ses hésitations, le général de Werder mettra huit jours pour parcourir les 120 kilomètres qui séparent Épinal de Besançon.

Le changement de front du 18 suspendait pendant 24

heures la marche vers le sud, et plaçait le XIVe corps dans une situation critique pour le combat. Attendant de nouveaux ordres de Versailles, son chef le disposait sur deux colonnes, face à Langres et à Besançon. De flanc-garde à Vauvillers, Osten-Sacken devenait l'avant-garde de la colonne de droite, constituée par les troupes prussiennes établies à Saint-Loup, et de la 2e brigade cantonnée à Luxeuil et Lure. Face au sud, la 3e brigade occupait Conflans ; la 1re avec avant-garde à Vesoul, tenait Port-d'Atelier à Favernay. Quatre heures au moins étaient nécessaires à la concentration de la 1re brigade établie sur un front de 20 kilomères, de Vesoul à Favernay; sept heures de marche s'imposaient aux autres brigades pour soutenir le prince Guillaume de Bade, poussé à 25 kilomètres de Besançon; et ces données doivent être augmentées si l'on tient compte du temps employé à la transmission des renseignements, à la dictée des ordres et au rassemblement des troupes. Si les Français avaient pris l'offensive le 18, comme ils en avaient eu l'intention quelques jours auparavant, le XIVe corps payait d'un sérieux échec d'avant-garde la dispersion de ses éléments.

Le 19, le général de Werder auquel le *Nachrichtenbureau* confirmait l'arrivée des Français à Besançon, abandonnait définitivement la direction du sud et orientait tout le corps d'armée vers Dijon. La 1re brigade occupait Velle-le-Châtel, la 2e Vesoul, la 3e Port-sur-Saône, les troupes prussiennes Favernay, quand le double avis fourni par la correspondance saisie à Lure et par les patrouilles de la 1re brigade signalait la présence de l'adversaire sur l'Ognon, aux environs de Rioz, d'Étuz et de Cussey, et décidaient de la reprise d'une marche sur Besançon.

Elle s'imposait immédiate, toutes forces réunies avec tous les moyens; mais au XIVe corps les forces sont éparses, les ordres donnés le 19 au soir maintiennent les brigades badoises dans leurs cantonnements ; seules les troupes prussiennes se portent à Combeaufontaine, à 18 kilomètres de Favernay [1].

Le corps d'armée n'est pas organisé pour le combat, la réserve de munitions, le personnel de santé sont encore à Epinal avec le convoi ; les deux ambulances et les deux colonnes de munitions, arrivées le 17 à la Chapelle-aux-Bois, ne rejoindront les troupes prussiennes en réserve que le 21. La composition des brigades toujours organisées à la façon des petites unités, crée des situations indépendantes et des rivalités. Deux batteries marchent avec les 1re et 2e brigades, trois avec la 3e, trois avec les troupes prussiennes ; même répartition des escadrons, dont le nombre va grossissant vers l'arrière ; un seul est affecté à la brigade d'avant-garde, deux à chacune des deux autres brigades, quatre au corps prussien marchant en réserve à une journée de la division badoise. Rivée aux colonnes depuis Strasbourg, sans impulsion d'en haut, sans instructions précises, la cavalerie se désintéresse de l'exploration, signale sur l'Oignon des troupes qui n'existent pas ; son inaction sera telle le 22 à la 1re brigade, que le prince Guillaume de Bade ignorera jusqu'au soir le combat que le général Degenfeld livre sur sa gauche au pont de Cussey [2].

Le 21, Osten-Sacken marche sur Gray, la brigade de cavalerie badoise vers Port-sur-Saône ; un bataillon de la 3e brigade, un demi-escadron de dragons et une section de pionniers sont dirigés sur Montbozon pour en détruire le pont, quand une compagnie et un peloton de cavalerie suffisent à cette opération. Des détachements nombreux ont affaibli le corps d'armée ; sept bataillons, onze escadrons, deux batteries, employés à la sécurité

(1) Ouvrage du grand état-major prussien, 2e part., t. I, 315.
(2) De Cissey, oc. Sciences militaires, Février 1896, 242.

des flancs et des communications avec Épinal, manqueront au combat du lendemain (1). Seul le détachement de la brigade badoise (2) est justifié; cinq bataillons, deux escadrons et une batterie laissés ou envoyés inutilement à Vesoul, à Port-sur-Saône et à Montbozon, pouvaient rallier le corps d'armée le 21 au soir ou le 22 au matin.

Dans la journée, la marche se poursuit lentement. Après une courte étape, les avant-gardes s'arrêtent et se déploient sur un front de 20 kilomètres, à Corboux, Oiselay et Bucy-les-Gy ; l'échelonnement en profondeur n'est pas inférieur à 12 kilomètres avec le corps prussien laissé à Neuville-lès-la-Charité, à 24 kilomètres de l'état-major et du général en chef demeurés à Vesoul. Le soir, chaque régiment occupe le terrain d'une division ; à la 2e brigade, le 3e régiment s'étale sur un triangle de 7 kilomètres de base (Frétigny à Fondremont) et 10 de hauteur, (Frétigny à Velloreille) ; le principe de la concentration des forces destiné surtout à faciliter la transmission des ordres et la mise en œuvre des troupes est entièrement méconnu (3).

Telle était la situation la veille du combat, quand tout exigeait la présence du chef à l'avant-garde et la poussée des troupes à proximité des ponts de l'Oignon qu'elles devaient enlever par surprise le 21 au soir ou par une brusque attaque le 22 au matin.

Ce jour là, neuf escadrons, dix batteries et seize bataillons, soit 19.000 hommes, voilà ce qui reste au XIVe corps, sur vingt escadrons, vingt-trois bataillons et douze batteries (4), pour marcher sur Besançon.

(1) Voir appendice VII, 296.

(2) 2e et 3e régiments de dragons badois avec la batterie à cheval et la 10e rég. corps.

(3) Commandant X. Euvrard. oc. 51 et 103.

(4) Situation à la date du 10 octobre. App. VII. p. 296.

L'éloignement de la brigade prussienne arrêtée à Oiselay réduit la première ligne à dix bataillons, huit escadrons et demi et huit batteries, 13.000 hommes environ ; la 1re brigade s'immobilisera au pont d'Emagny, la 3e se bornera à l'occupation de celui de Voray ; seule la 2e, avec Degenfeld, luttera énergiquement à Etuz et à Cussey. Les troupes ne sont pas en main, les renseignements font défaut.

Formée sur trois colonnes séparées par les Grands Bois de Gy et de Voray à peu près dépourvus de communications latérales, la division badoise aborde l'Oignon sur un front de 18 kilomètres, par les trois routes d'Emagny, d'Etuz et de Voray. Sur l'ennemi, son chef ne possède que les vagues renseignements reçus le 19, l'exploration est nulle, quand six escadrons sur neuf pouvaient précéder les troupes ; leur tâche était facile contre les quarante gendarmes du commandant d'Orsanne et les deux escadrons de chasseurs à cheval du général Thorton.

L'étendue du front, l'éloignement du commandant en chef et de la réserve générale, rendent impossible l'unité d'action ; simples reconnaissances offensives, les brigades badoises vont reconnaître un ennemi figuré ; de Werder réserve sa décision au reçu de leurs renseignements ; le 22, la division doit occuper les ponts de l'Oignon. Après on verra (1).

Ceux de la 3e brigade ne parvenaient qu'à une heure à Oiselay où le général en chef les attendait depuis onze heures du matin. La résistance rencontrée par la 2e brigade, devant Etuz et Cussey, décidait le mouvement de la 1re arrêtée à Autoreille depuis neuf heures du matin, sur Emagny et Monteley. Informé tardivement de sa mission, le prince Guillaume ne pouvait intervenir à temps sur les derrières de la défense : le combat avait cessé quand sa brigade débouchait des bois de Cussey. Laissé sans ins-

(1) Ouvrage du grand Etat-major prussien. 2e partie, t. I 315. 316.

tructions, le général Keller s'arrêtait à Voray et se désintéressait de l'action ; dix compagnies sur douze restaient inactives pendant que la 2e brigade s'épuisait devant Cussey.

La dispersion des forces, des batteries surtout qu'il importait de masser en avant de Geneuille pour appuyer l'attaque dans la deuxième phase du combat ; les engagements mal combinés contre les avant-postes, la mollesse des troupes, l'éloignement des réserves et du général en chef avaient provoqué l'échec, et laissé le reste du XIVe corps épuisé, désuni, devant les positions retranchées de Chailluz et de Châtillon-le-Duc. Ni la supériorité du nombre, ni la qualité des troupes n'avaient racheté les erreurs du commandement. 13.000 hommes aguerris avaient échoué contre 8.000 soldats improvisés. Cependant un avantage restait acquis le 23, le XIVe corps avait gagné du terrain ; en combattant et en repassant sur la rive droite de l'Oignon il s'était en partie concentré. La journée du 22 se passait au combat ; si dans l'après-midi, le général de Werder eût rappelé les détachements distants d'un jour de marche, il pouvait vigoureusement agir le 23 au matin contre les divisions françaises en voie de rassemblement. Le général s'en tint aux reconnaissances ; une prudence excessive, une appréciation exagérée de nos moyens, l'impression de l'échec subi la veille le laissaient indécis, jusqu'à l'heure où l'ordre du 23, « dont les traces ont été intentionnellement perdues (1) » pour excuser son inaction, venait décider de la marche du XIVe corps sur Dijon.

« Déjà âgé, le général de Werder n'en avait pas moins une énergie et une vigueur remarquables. Chargé d'une mission complète que les instructions du grand quartier général était loin de simplifier, tiraillé entre le souci d'exécuter des ordres donnés de loin, les nécessités du mouve-

(1) De Cissey oc. *Sciences militaires*. Mars 1896. 354, 357.

ment, et, qu'on nous permette de l'ajouter, le sentiment fort humain et fort naturel de ne pas engager une belle réputation militaire, il se laissait alors aller parfois à demander à Versailles des explications et des autorisations qui, si l'on s'en rapporte à la correspondance du maréchal de Molke, semblent avoir quelque peu agacé le grand état-major. Il n'en montra pas moins, dans les circonstances critiques où il s'est trouvé, un esprit de décision et une fermeté de caractère que l'on peut citer en exemple (1) ».

(1) Commandant GEORGES GUIONIC, *de Bourges à Villersexel, 20 Décembre 1870, au 10 Janvier 1871*, in 8° sans date, 35.

VI

Note relative à une dernière tentative d'opérations dans les Vosges, par les colonels Perrin et Keller.

Le plan qui voulait faire des Vosges un lieu de refuge pour l'armée de Metz, et un point de concentration pour les troupes destinées à agir sur les communications de l'ennemi, avait vécu dès l'occupation d'Epinal par les Allemands. En effet, vers la fin d'octobre, le colonel Perrin obtenait l'autorisation du ministre, de former une colonne mobile, constituée avec les 1er et 2e bataillons des Vosges, (le 3e ayant été éreinté à Cussey) un régiment de gardes mobiles de la Corse, une batterie de montagne et quelques cavaliers, pour opérer dans le massif du Thillot.

Parti de Besançon le 28 octobre, il prenait des voies détournées et se dirigeait par Cubrial, Rougemont et Lyoffans-sur-Fresse. Mais en arrivant dans cette dernière localité, une dépêche du sous-préfet de Lure l'informait de la reddition de Metz et de l'approche d'une forte colonne prussienne. Ses communications étant menacées, le colonel se repliait à travers les Allemands sur Besançon, par Granges, Clerval et l'Isle-sur-le-Doubs. Le 7, la colonne rentrait à Besançon où se formait le 20e corps ; la colonne des Vosges et la réserve constituaient la 3e division, sous les ordres du lieutenant-colonel Ségard, de l'ancienne légion d'Antibes, qui fut nommé général de brigade à titre auxiliaire.

Une tentative analogue, tentée par le colonel Keller, échouait à la même époque. Après avoir tenu le col de Bussang et la vallée de la Thur, M. Keller constatant son impuissance voulut se jeter dans Belfort. Parti de Thann le 2 novembre, il atteignait Saint-Maurice le 3, gagnait le ballon d'Alsace où lui parvenait un avis du colonel Denfert-Rochereau, l'informant qu'on ne pouvait l'aider à entrer dans la place (1).

La légion du Haut-Rhin, pour l'organisation de laquelle M. Keller avait d'abord reçu cent mille francs, puis un million de francs, allait rejoindre l'armée de Garibaldi.

Saint-Dié, Janvier 1904.

A. PERNOT.

(1) Lieutenant colonel Bruté de Rémur, oc. 116, et journal de marche du 2e bataillon de la Meurthe. 56 et 117.

APPENDICE

GRENEST (Commandant), *l'Armée de l'Est, Campagne de 1870-71*, in-8°, 1895.

BARDY Henri, *Saint-Dié pendant la Guerre de 1870-71.*

Id. *Saint-Dié pendant l'Administration prussienne dans les Vosges (14 Octobre 1870-25 Août 1871)*, in-8°, 1903; inséré dans le « Bulletin de la Société philomatique vosgienne », 1903-1904.

J.-B. DUMAS (Capitaine), *La Guerre sur les communications allemandes en 1870,* in-8°, 1891.

X. EUVRARD (Commandant), *La première Armée de l'Est*, in-8°, 1895.

Ouvrage du grand État-Major Prussien, traduction Costa de Serda, 2e partie, t. I.

ROUSSET (Lieutenant-Colonel), *Histoire générale de la Guerre franco-allemande.*

CH. DE MAZADE, *La Guerre de France 1870-71*, in-8°, 1875.

BRUTÉ DE RÉMUR (Lieutenant-Colonel), *Les Vosges en 1870 et dans la prochaine campagne,* in-8°, 1887.

BOURRAS (Colonel auxiliaire), *Le Corps franc des Vosges,* in-12, 1872.

LE HAUTCOURT, *Campagne de l'Est en 1870-71*, in-8°, 1896.

Journal de Marche du 2e bataillon de la Meurthe, in-8°, 1872 (attribué au Commandant BRISAC).

GRIDEL (Capitaine), Manuscrit (inédit).

VAIREL (Abbé), *Essai sur Nompatelize,* in-8°, 1896, inséré dans le « Bulletin de la Société philomatique vosgienne », 1896-97.

A. RETOURNARD, *Le Combat de Rambervillers*, in-8°.

VELIN Maurice, *Rambervillers en 1870*, in-8°, 1896.

DE CISSEY (Capitaine), *Étude critique des opérations du XIVe Corps allemand dans les Vosges*. Journal des sciences militaires, Janvier, Février.

BEAUQUIER, *Les dernières Campagnes dans l'Est*, in-8°, 1873.

LECOMTE (Colonel), *Relation historique de la Guerre franco-allemande*, in-12, 1887.

DE FREYCINET, *La Guerre en province*, 7e édition, in-12, 1872.

VON DER GOLTZ (Général), *Gambetta et ses Armées*, 12e édit., 1887.

LÖHLEIN (Capitaine), *Die operationen des Corps das générals Von Werder*. Berlin, 1874.

PERNOT (Capitaine), *Aperçu historique sur le service des transports militaires*, in-8°, 1894.

GUIONIC (Commandant), *De Bourges à Villersexel*, in-8°.

Archives de la ville de Saint-Dié. Registre des délibérations du Conseil municipal. Acte de décès des militaires décédés à Saint-Dié.

St-Dié. - Imp. C. CUNY.

www.ingramcontent.com/pod-product-compliance
Ingram Content Group UK Ltd.
Pitfield, Milton Keynes, MK11 3LW, UK
UKHW012226240726
13966UKWH00003B/981

9 782011 266965